全国职业院校民航服务专业"十三五"规划教材

U0723194

民航服务礼仪（Ⅱ）

Etiquette of Aviation Service

主　编　魏全斌

副主编　李　灵　刘　茗　熊丽娟　顾　锦

中国民航出版社

图书在版编目（CIP）数据

民航服务礼仪 . Ⅱ / 魏全斌主编 . —北京：中国
民航出版社，2017.8（2018.12 重印）
ISBN 978-7-5128-0492-0

Ⅰ .①民…　Ⅱ .①魏…　Ⅲ .①民用航空 - 乘务人员 -
礼仪　Ⅳ . ① F560.9

中国版本图书馆 CIP 数据核字（2017）第 199240 号

民航服务礼仪（Ⅱ）

魏全斌　主编

责任编辑	杨玉芹	
出　版	中国民航出版社（010）64279457	
地　址	北京市朝阳区光熙门北里甲 31 号楼（100028）	
排　版	中国民航出版社录排室	
印　刷	北京博海升彩色印刷有限公司	
发　行	中国民航出版社（010）64297307　64290477	
开　本	787×1092　1/16	
印　张	8.75	
字　数	224 千字	
版 印 次	2017 年 8 月第 1 版　2018 年 12 月第 3 次印刷	
书　号	ISBN 978-7-5128-0492-0	
定　价	28.00 元	

官方微博　http://weibo.com/phcaac
淘宝网店　https://shop142257812.taobao.com
电子邮箱　phcaac@sina.com

前言 Preface

《国家中长期教育改革和发展规划纲要（2010—2020 年）》明确提出：中等职业教育要与高等职业教育协调发展，构建现代职业教育体系，增强职业教育支撑产业发展能力。职业教育为社会、经济和人的发展服务，成为职业教育理论工作者与实践工作者的共识。

近年来，随着经济的发展和社会的进步，民航业得到空前的发展。民航业的大发展需要大量道德高尚、素质优良、技能娴熟的一专多能的民航服务人才。正因为如此，一批办学理念先进、教学与实习实训设备精良、师资力量雄厚的民航服务类学校应运而生，为促进民航服务业的发展做出了重要贡献。

要培养高素质的民航服务人才，离不开高质量的学校，也离不开高水平的教师，更离不开理念先进、内容丰富、形式新颖的精品教材。为此，我们组织全国行业职业教育教学指导委员会、职业教育教学研究机构的专家，全国近 20 家民航企业的行家，以及具有丰富的民航服务专业教学与教材编写经验的优秀教师群策群力编写了本教材。

本教材立足国内近 20 家民航服务企业相关工作岗位对人才素质与能力的要求，针对民航服务专业学生职业生涯发展的需求编写。在内容上，本教材涵盖民航服务的典型工作任务，体现了"贴近社会生活、贴近民航服务工作实际、贴近学生特点"和"与职业岗位群对接、与职业资格标准对接、与实际工作过程对接"的"三贴近"、"三对接"的特点，注重学生职业核心能力的培养。在形式上，本教材按照"具体—抽象—实践"的逻辑顺序，设计了"案例导入"、"知识链接"、"思考与练习"等栏目，行文中注重图文并茂，突出了教材的实用性、可读性与互动性，既方便教师的教，也方便学生的学。本教材既可供职业院校航空服务专业学生使用，也可作为民航企业员工培训教材或参考资料。

本教材在编写过程中，得到了四川西南航空专修学院、四川西南航空职业学院、成都航空旅游职业学校骨干教师的宝贵意见与建议，以及全国各大航空公司、机场服务企业知名专家和领导对教材内容、编写体例的指导，有效地保证了本教材与民航服务企业的实际工作要求相吻合，在此一并表示衷心的感谢。

《民航服务礼仪》（Ⅱ）由职业教育专家魏全斌担任主编，李灵、刘茗、熊丽娟、顾锦担任副主编。此外，李娇参加了模块二和拓展模块的编写，刘家利参加了模块三和模块五的编写，何宇梅参加了模块二的编写。全书由李灵、熊丽娟负责统稿。

在编写本教材的过程中，我们参阅了相关论著与资料，引用了一些最新的研究成果，但由于时间较紧、联系方式不准确等原因，未能一一取得原成果作者的同意，敬请原成果作者谅解并与我们联系，我们将奉寄稿酬和样书，并在重印或再版时根据原成果作者的要求进行相应调整。

由于受时间及编者水平限制，教材中难免有不尽如人意之处，恳请广大读者提出宝贵的意见，以便我们修订时加以完善。

编　者

2017 年 7 月

目 录 Contents

模块一　民航员工职业素养

第一节　良好的素质与修为

【学习目标】

1. 了解什么是良好的素质与修为。
2. 掌握培养礼仪修养的途径。
3. 结合生活实际，提升个人的素质与修为。

【名人名言】

不读书不仅缺乏教养，同时也会缺乏鉴别能力。

——赫尔岑

【案例导入】

我替一个考察团做了一点口头的翻译工作，有一次全团吃晚饭的时候便硬要拉我同去，我因见同胞实在是诚心诚意，盛情难却之下，便欣然答应了。

二楼餐厅并不是我们中国人包下来的，四周还有其他的客人在吃饭。那一夜不知为什么全体团员相处得非常和谐亲密，有人建议唱歌，大家附议，于是一起唱了《望春风》，一面拍手一面唱。一个人，心里觉得愉快时喜欢唱一唱歌是自然的流露，即使在一个餐厅里拍手高唱都不是什么太失礼的事，虽然这是很天真的行为。唱完《望春风》之后，坐在我很远的两个不认识的同胞大概是兴致太好了，他们哇一声同时跳叫起来，彼此甩着手臂大喊着划起拳来。

这一番突然而来的声势就像爆炸似的惊吓了全餐厅的人，两位同胞涨红着脸叫来叫去，别人最初以为他们是在吵架，又见手臂不停地挥着，茶房们都紧张地聚了过来，等到他们发觉并不是什么争吵时，那份藐视又好笑的表情我一生一世都不会忘记。

——节选自三毛《吃饭还是吵架》

【想一想】

1. 案例中为什么周围的人一开始误以为我们在争吵？
2. 本案例在素质修养方面让你有哪些思考？

【绅士淑女有约】

礼仪是一门综合性很强的学科，与许多应用广泛的学科有着密切的关系，尤其是民俗学、心理学、公共关系学、社会学等。虽然礼仪没有一个明确的学科、类别的界定，但不难看出礼仪就是一门"为人处世"的学科。从人类发展的历史长河来看，礼仪就是礼节、仪式、礼貌的总称，礼节是礼貌的具体表现方式，礼貌则是礼仪内涵的体现。从个人修养的角度来看，礼仪便是一个人的素质在行为举止中的具体体现。作为飞速发展的民航业的一名准员工，更应该从礼仪内涵的角度去思考、提升自己的文化素养以及工作的能力。

个人的形象，包括外在形象以及内在素质。外在形象取决于先天因素加上后天的修饰，更多地体现在外在的令人赏心悦目的形象上。荀子曾说："礼者，养也。"这句话就是对礼仪内涵的生动诠释，礼仪就是素养与素质。素质是灵魂深处散发出来的一种人格魅力，素质修养需要在整个生命过程中不断地学习、不断地反省，经过心灵的洗礼，受过翰墨丹青以及多种阅历的熏陶，才有可能把个人内在的素质通过身边的小事呈现出来。

一、历史长河中的绅士与淑女

绅士风度（见图1.1.1）是西方文化中对男子的最高要求，他们不仅要拥有风姿优雅的外在形象，如身着笔挺西装、头戴大礼帽、手握文明棍，更要彬彬有礼、谈吐优雅、气质出众。

在我国，与绅士风度相对应的便是德才出众的"君子"，无论是《关雎》开篇名句"窈窕淑女，君子好逑"中勇敢追求爱情的君子，还是《论语》经典中"质胜文则野，文胜质则史，文质彬彬，然后君子"里内外兼修、文质彬彬的君子，都成为人们心目中对品行高尚男子称呼的代名词。由此可见，绅士与君子除了称呼不一样，其对于内涵的要求可以画上等号。那么什么时候绅士与君子基本等同的呢？时间要追溯到辛亥革命、五四运动之后，鲁迅、胡适等一批勇于革新的知识分子，提倡"民主与科学"，改良我国传统社会的陋习，勇于接受西方的文化，随之而来的是一系列的舶来品，其中"绅士风度"（见图1.1.2）也随之走进了国人的视野中。梁实秋根据英国维多利亚时代作家纽曼的《大学教育之范围与性质》明确提出，洋绅士的特质是"温柔、和蔼、自由、理性和直率等"，并进一步指出，"绅士永远是我们待人接物最高的榜样"。受西方文化的影响，当时的人们在穿着打扮方面更加西化，动作行为更加文明、优雅，随之而来的便是绅士文化与君子文化的愈加融合，而且在人类历史的长河中涤荡得愈加鲜明。

图 1.1.1　西方绅士

图 1.1.2　绅士风度

■ **知识链接**

　　的确，奈特利先生属于很少几位能看出爱玛－伍德豪斯不足之处的人，而且是唯一愿意告诉她这些不足的人。尽管爱玛自己也并不十分喜欢，然而她知道，父亲听了会感到更加不快，所以，她甚至不愿意父亲稍稍猜疑到大家认为她并不完美无瑕。

　　"爱玛知道我从来不奉承她，"奈特利先生说，"但我并非指责任何人。泰勒小姐已经习惯于让两个人感到满意，可现在只剩一位可照料。所以她准能从中获利。"

　　"喂，"爱玛愿意放过这事不谈，"你要想听听婚礼的事，我很高兴向你讲述，因为我们大家的举止全都优雅得体。每个人都准时出席，每个人都展示出最佳面貌。没有流过一滴眼泪，也几乎没有看到拉长的面孔。啊！不是吗？我们大家都感到只不过分开半英里的距离，都相信每天都会见面的。"

　　"爱玛亲亲对任何情况都能忍受得了，"她父亲说道，"可是，奈特利先生，她失去可怜的泰勒小姐其实非常伤心，我能肯定，她准会想念她的，一定比自己想象的程度深得多。"

　　爱玛扭转脸，强装出微笑，却止不住涌出泪水。

　　"爱玛不可能不想念那样一位伴侣，"奈特利先生说，"假如她不想念的话，我们以前也不会那样喜欢她了。但是，她知道这桩婚姻对泰勒小姐有多么的有益，也知道泰勒小姐这个岁数上，拥有自己的家庭准是求之不得的事，更知道泰勒小姐能过有保障的舒适生活是多么重要，因此她准不会让自己的悲伤压倒喜悦。泰勒小姐的每一位朋友看到她婚姻如此幸福，一定会感到高兴。"

　　"你忘掉我的一件乐事，"爱玛说，"而且是一件非常重要的事——是我本人从中牵的线。你知道吗，是我在四年前做的媒。当时许多人说维斯顿先生决不会再婚，可我还是促成了这桩喜事，没有什么比这事更让我惬意了。"

　　奈特利先生冲着她摇了摇头。她父亲糊里糊涂地回答道："啊！亲爱的，我真希望你没做过什么媒，也没有预言过什么事情，因为你说的话都会成为现实。求你别再给人做媒了。"

——节选自简·奥斯汀《爱玛》

　　女主人公爱玛曾宣称自己是不婚主义者，但却煞费苦心地想为身边的朋友安排一门婚事，中间几经波折，闹出不少令人啼笑皆非的笑话。爱玛在不经意间发现原来奈特利先生是她心目中的理想伴侣，意外收获了一场完美的爱情与婚姻。爱玛在帮人做媒的过程中也完成了自身的转变，蜕变成一个道德、性格上更讨人喜欢的人物。而促成这一转变的正是奈特利先生，爱玛聪明、漂亮、有爱心，但却势利浅薄，喜欢将一个人的社会地位和身份画上等号，看不起马丁、贝茨小姐这些比她社会地位低的人。而奈特利先生是一位正直、善良、有爱心的绅士。他不因自身家境优越、财产雄厚而看轻社会地位不如他的人。奈特利先生用自己的言语和行为教育爱玛摆脱用俗气的物质标准衡量别人。他在爱玛的生活中是一个不可或缺的角色，作为朋友、爱人陪伴在她的身边，不失为一个完美配偶的形象，更将一个绅士的形象与风度展现得淋漓尽致。

　　"关关雎鸠，在河之洲。窈窕淑女，君子好逑。"伴随着朗朗上口的诗句，千百年前的窈窕淑女从历史长河中向我们款款走来。世人对她们的要求不仅是"桃之夭夭，灼灼其华"、"清水出芙蓉，天然去雕饰"的容貌，也要有"腰若流纨素，耳著明月珰。指如削葱根，口如含朱丹。纤纤作细步，精妙世无双"的绝妙身姿，更应风姿绰约；要有"和羞走，倚门回首，却把青梅嗅"的娇羞可爱，也要有"在天愿作比翼鸟，在地愿为连理枝"的深情款款，更要有十八班技艺，琴棋书画，吹拉弹唱，针织女红样样精通，就像《孔雀东南飞》中的刘兰芝一般"十三能织素，十四学裁衣，十五弹箜篌，十六诵诗书"。也就是说，能够称得上"淑女"的女性，必须得是有容颜，更要有高素质、高品质。我国历代能够记载在史书、传记、文学作品上的女性为数不多，能够称得上"淑女"的女性更可谓凤毛麟角，世间的淑女仿若那遗世独立的佳人、东汉学问广博的女史学家、文学家班昭，《孔雀东南飞》中的痴情淑女刘兰芝，北宋爱国女词人李清照，《红楼梦》中的众多金钗比如林黛玉、薛宝钗、贾探春，民国奇女子林徽因等，都是令世人倾慕的淑女。

当然西方社会中，也盛行淑女文化，比如，《小仲马》中的茶花女、《巴黎圣母院》中的吉普赛少女爱斯梅拉达。

【想一想】

你身边有哪些人可以称得上绅士与淑女？

▶ 二、良好的素质与修为

在《云非思想》中，云非先生指出学生是具备军人、民航准员工素质的现代绅士与淑女，而现代的绅士与淑女应当以良好的素质与修为为先决条件，二者相当于现代绅士与淑女这一精美"建筑"的最牢固不可缺少的地基。古语道，"腹有诗书气自华"，个人良好的素质来自于良好的文化修养，是基于文化内涵的积淀，饱读诗书，学有所成，气质才华自然横溢，散发高雅的光彩。无论是《四书》、《五经》，还是小朋友的启蒙读物《三字经》、《百家姓》、《增广贤文》等，都传递出"万般皆下品，唯有读书高"的思想，但随着社会的进步，私塾的盛行，以及纸张的发明，读书学习更加普及。读古代大家的诗歌，可以给我们不同的人生启迪，年轻时有"少壮不努力，老大徒伤悲"的人生警示，壮年时有"人生得意须尽欢，莫使金樽空对月"的意气风发，失意时有"沉舟侧畔千帆过，病树前头万木春"的激励，朋友分别时有"海内存知己，天涯若比邻"的宽慰，恋爱时有"问世间情为何物，直教人生死相许"的生死誓言，这些都是诗歌给我们的人生百味，也会在夜深人静的时候直击我们心扉，更会给人淡然处世的启发。有人常说，"读万卷书不如行万里路"，但"读万卷书"和"行万里路"这两者必然是一个相辅相成、辩证统一的关系，二者缺一不可。"读万卷书"能够带给你生命最初的体悟，感悟世间的亲情、友情、爱情、师生情……让你变得有"书卷气"，自然而然生活中的暴戾之气、俗气、媚气便会越来越少，取而代之便是展现个人素质修养的优雅的谈吐、文明的举止、高雅的风度气质和良好的道德修养。

图1.1.3 阅读书籍

■ 知识链接

我说道，"爸爸，你走吧。"他往车外看了看说，"我买几个橘子去。你就在此地，不要走动。"我看那边月台的栅栏外有几个卖东西的等着顾客。走到那边月台，须穿过铁道，须跳下去又爬上去。父亲是一个胖子，走过去自然要费事些。我本来要去的，他不肯，只好让他去。我看见他戴着黑布小帽，穿着黑布大马褂，深青布棉袍，蹒跚地走到铁道边，慢慢探身下去，尚不大难。可是他穿过铁道，要爬上那边月台，就不容易了。他用两手攀着上面，两脚再向上缩；他肥胖的身子向左微倾，显出努力的样子。这时我看见他的背影，我的泪很快地流下来了。我赶紧拭干了泪，怕他看见，也怕别人看见。我再向外看时，他已抱了朱红的橘子往回走了。过铁道时，他先将橘子散放在地上，自己慢慢爬下，再抱起橘子走。到这边时，我赶紧去搀他。他和我走到车上，将橘子一股脑儿放在我的皮大衣上。于是扑扑衣上的泥土，心里很轻松似的，过一会儿说，"我走了，到那边来信！"我望着他走出去。他走了几步，回过头看见我，说，"进去吧，里边没人。"等他的背影混入来来往往的人里，再找不着了，我便进来坐下，我的眼泪又来了。

——节选自朱自清《背影》

朱自清运用质朴典雅的文字，为我们描述的便是中年父亲的背影，但是却直击人心灵深处，尤其是攀爬月台买橘子的举动，让文中的"我"泪湿眼眶，更让阅读文章的我们被这父子情深深地感动，深刻感受到亲情的力量。这就是书本文字给予我们的教育力量，也有助于提升个人的素质。

◆ 三、现代人应具备的素质与修为

现代的绅士与淑女在继承传统美德的基础之上，又被赋予了更多、更丰富的意义。尤其是在当今时代，需要将现代绅士与淑女的发展从更具有社会性的大角度去思考，在遵循社会规则的基础之上，让他/她们的进步与社会的发展相结合，从而在现代社会实现自身的价值。现代人还应该具备以下三个方面的素质与修为。

1. 健康的体魄与情趣

法国著名思想家、教育家卢梭曾经说过：身体虚弱，它将永远不会培养有活力的灵魂和智慧。良好的素质与修为是对现代绅士与淑女的内在要求，而健康的体魄与爱好、生活情趣则是现代人的外在表现。现代社会人们的生活方式愈加丰富，但随之而来的便是生活作息、饮食等方面都存在不小的问题。由此可见，对现代人而言，应首先具备健康的体魄与情趣。我们可以从以下几个方面做起：

图 1.1.4 均衡膳食

第一，均衡膳食（见图 1.1.4），养成合理的饮食习惯。

第二，早睡早起，形成良好的作息规律。

第三，坚持运动，形成强健的身体状态。见图1.1.5。

图 1.1.5　马拉松比赛

世界卫生组织为健康下过这样的定义：健康不但意味着不生病、不虚弱，而且意味着身心及社会生活处于完全健康的状态。要达到健康的标准，应具备以下五个条件，分别是：心肺功能好；生长发育良好；身体素质好；神经系统的功能好；对外界环境的适应能力和抗病能力强。一个人的健康状态除了少量来自于先天的遗传，更多的是后天习惯的养成与坚持不懈的锻炼（见图1.1.6）。

图 1.1.6　坚持锻炼

情趣是一个人的兴趣爱好、道德修养、价值观念的外在体现。一个人的情趣健康与否，直接关系着个人发展的好坏。健康文明的生活情趣可以让人们放松紧张的情绪，驱赶身心的疲惫，强健体魄，享受生活的美好，陶冶高尚的情操，甚至可以提升人格魅力。比如，毛泽东主席十分喜爱游泳，一生曾17次畅游长江，即便是在72岁的高龄依旧在武汉畅游长江，历时一小时零五分。这显示了他"不管风吹浪打，胜似闲庭信步"的宽广胸怀和坚定信念，更显示了毛主席"自信人生二百年，会当水击三千里"的豪情壮志。当然，放眼现代社会，人们的情趣审美水平随着社会娱乐产业的发展不断提高，娱乐方式更如雨后春笋般不断增多。这就需要我们提高辨别意识，培养健康的生活情趣。

2. 积极拼搏的人生态度

在人生的道路上，在不同场合人们总是会扮演着各种各样的角色。为了在现代社会更好地立足与生存，需要在竞争激烈的职场中扮演好自身的角色。面对未知的职场和人生道路，我们需要拥有积极拼搏的人生态度。19世纪中期，德国伟大的农学家列比格发现了植物生长过程中的短缺元素规律，就是植物生长过程中都需要一定的元素，而某一时期植物缺少的只是某一种元素，即"短缺元素"，只要增加这个元素，植物就会有新一轮的生长；而不缺少的元素就是增加也没有用，反而有害。在职场中，每个岗位的人员分别扮演着各自的角色，有

图 1.1.7　拼搏向上

的具有自身的独特性，有的比较普通，就好比植物生长过程中必不可少的"短缺元素"和一般元素。所以为了在职场有更好的发展，必须有拼搏向上的人生态度，时刻保持自身的独特性，让自己变得不可或缺。见图1.1.7。

3. 终身学习的能力

社会发展日新月异，知识更新换代的速度也是越来越快，许多新的社会现象不断出现，一个人如果不能迅速适应这种变化，就必然被淘汰。当然，人生重要的学习阶段就是学校教育，但是学校教育只是人生学习的一个阶段，走出校园，在社会上的任何岗位都需要具有终

身学习的能力。见图1.1.8。

松下幸之助先生可以说是日本企业界的一个神话。他早年家境贫寒，而且体弱多病，只有小学四年级的学历。然而，他是靠什么最终创建了现在赫赫有名的松下电器公司并成为日本首富的呢？其中有一点是不可否认的，那就是，松下幸之助先生是一个勇于学习、善于学习的人。正因为不断学习，才成就了他的辉煌。

图1.1.8 终身学习

松下幸之助先生曾经同时和另外两名学徒在一家电器商店做工，刚开始的时候，三人每天干的活儿都相同，没有任何不一样，但是渐渐地三人就显现出了差别。

松下幸之助先生以前从来没有接触过电器方面的事情，面对那么多的电子产品，他感到了自己的无知。同时他又是一个渴望学习的人，他每天都比别人晚下班，用这些时间阅读各种电子产品的说明书；同时在他两个同事外出休闲的时候，他参加了电器修理培训班。他在学习电器知识上面花了大量的时间，因为他决心通过学习让自己成为这方面的内行。而在这些时候，他的两个同事往往会因为这些而嘲笑他，一个学徒还能够成什么大事，还学什么啊！而这一切都无法阻止松下幸之助先生继续学习的决心。

终于，通过不断的努力，他从一个对电器一窍不通的学徒变成了一个能够给顾客清楚明了地讲解电器知识的专家，并且还可以自己动手修理与设计电器。他通过学习改变了自己，将自己提升到了一个新的高度。这一切努力都没有白费，店主将这一切都看在眼里，对松下幸之助先生的这种学习精神非常赏识，不久便将他由普通学员变成了正式员工，并且将店里的很多事情都交给他处理。这为松下幸之助先生以后的创业打下了良好的基础。与之相反，他的两个同事最后的结果却是，因为一直没有学识上的进步，最终只能被商店解雇。随着时代发展，人们对电器不同功能的需求越来越大，松下幸之助先生紧跟时代潮流，不断学习、进步，开创了现在的松下帝国。这不由得让人们想起受世人瞩目的哈佛大学的一条信条：哈佛字典里没有"毕业"二字（哈佛校训见图1.1.9）。所以，为了自身更好发展，应时刻具有危机意识，保持终身学习的能力。

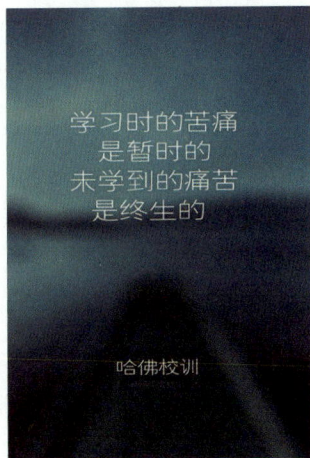
学习时的苦痛是暂时的
未学到的痛苦是终生的
哈佛校训

图1.1.9 哈佛校训

四、培养礼仪修养的途径

【案例分析】

细微之中见素质

大学毕业不久的小方到一家企业参加求职面试，来到人事部门，临进门前，小方自觉地擦了擦鞋底，待进入会议室后随手将门轻轻关上。见有长者到人事部门来，他礼貌地起身让座。人事部经理询问他时，尽管有别人谈话的干扰，他仍能集中注意力认真倾听并准确迅速地给予回答。同人说话时，他神情专注，目不旁视，从容交谈。这一切都被到人事部门察看情况的企业总经理看在眼里，当场就决定录用小方。现在小方已经成为这家企业的销售部经理。面试现场见图 1.1.10。

【想一想】

1. 是什么原因让小方能够当场被企业总经理录用呢？

2. 这些让小方直接被录用的原因体现了他哪些素质？

3. 结合生活实际，思考可以从哪些方面提升自己的修养。

图 1.1.10　面试现场

作为初出茅庐的大学生，小方凭借自身的良好素质与修养，直接赢得了一份心仪的工作，更赢得了他人对他的尊重。《礼记·大学》中说道，"修身、齐家、治国、平天下"，这是古人对自身、家国、天下的一个递进关系的辩证思考，而处于根基地位的便是个体的自身素质与修养。放到现代社会，亦是同理可证。联合国教科文组织提出 21 世纪教育理念的四大支柱是：学会学习、学会做事、学会共处、学会做人。学会做人就是对我们个人素质修养提出的要求，建立在前三种学习的基础上，更是教育和学习的根本目的。这也与我们礼仪学习的教育目的、文化内涵不谋而合。一个人的素质修养不是一朝一夕学成的，需要不懈努力，不断完善自己。对于如何培养礼仪修养，我们可以从以下几个途径进行学习。

（1）主动接受礼仪知识的学习，善于理解礼仪内涵。见图 1.1.11。

在教育学中，广义的教育泛指一切有目的地影响人的身心发展的社会实践活动。狭义的教育是指专门组织的教育，即学校教育，有目的、有计划、有组织、系统地引导受教育者获得知识技能，陶冶思想品德、发展智力和体力的一种活动，以便把受教育者培养成为适应一定社会需要和促进社会发展的人。在学习过程中不少人缺乏持久的自

图 1.1.11　礼仪学习

觉性，因此在接受教育的过程中除了依赖于学校教育中教师的指导、生活经验的积累，更应该加强自身学习的自觉性，认识礼仪学习的重要性，自觉接受礼仪知识的学习，尤其是要善于理解礼仪的内涵，做到知行合一，内外兼修。

（2）多途径学习礼仪知识，提升自身礼仪内涵。见图 1.1.12。

图 1.1.12　通过阅读提升自身礼仪内涵

大数据时代为许多行业的发展提供了大量的参考数据，礼仪的内涵虽无法用数据衡量，但却需要我们阅读大量书籍来体会。书籍的类型应该丰富多彩，除了阅读专业的礼仪知识书

籍以外，还可以增加文学作品的阅读量，诸如《礼记》、《论语》等古典文学作品，还有如《白杨礼赞》等现代散文。其中，白杨树坚韧挺拔、朴素正直的品格是我们应该在提升内涵修养方面需要学习的。古语道，"礼出于俗，俗化为礼"，很多礼仪知识是从民俗学中总结、衍生出来的，所以适量阅读民俗类相关书籍，也有助于我们丰富自身礼仪知识的储备以及提升对礼仪内涵的理解水平。除了传统的纸质书籍，现代很多人也喜欢采用互联网手段进行书籍阅读与知识的学习，这也不失为很好的学习途径。

（3）积极参与社会实践活动，争当有修养的现代绅士与淑女。

《论语》有曰："吾日三省吾身，为人谋而不忠乎？与朋友交而不信乎？传不习乎？"细细思量，三者无一不是对自己每日所作所为进行的反思。进行反思的前提必须是有所为，正如俗话所说："临渊羡鱼，不如退而结网。"从礼仪知识的积累与完善的角度来看，需要我们在积累大量礼仪知识的基础之上，在实际生活中多加实践，从而达到"知行合一"的终极目标。例如，在课堂上我们会学到鞠躬礼，可以了解并掌握鞠躬礼的起源以及具体的动作规范，甚至可以在课堂上进行模拟训练，但是如果在学习生活中不抓住各种机会去实践，那么就如同失掉源头的死水，毫无生机感。在校期间，可以利用各类实践活动，将培养礼仪修养的途径最终落地到实践上，积极参与社会实践活动（见图1.1.13），争当有修为的现代绅士与淑女。

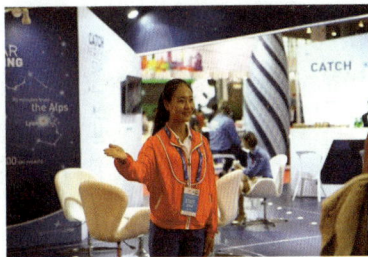

图1.1.13　做世航会志愿者

知识链接

现代绅士与淑女

从古至今人们对"高素质"有不同要求，所涵盖的内涵也十分丰富。随着时代和社会的发展变化，对绅士与淑女内涵的要求也是日新月异，云非先生根据多年的民航教育经验，总结出现代绅士与淑女包含以下三方面内容：

（1）有绅士淑女修为的现代人。

（2）有足够的社会适应能力与生存能力。

（3）能够从社会上获取足够的财富，用以维持绅士与淑女的生存与尊严。

在这三方面内容中，他又将绅士淑女修为的内涵总结为六点，分别为：有丰富的文化知识；较强的社交能力；灵活机变的工作能力；干练的工作作风；高贵大方的个人气质；成熟的理财能力。

从以上几方面对照自身的发展，希望为你的成长之路提供指引。

思考与练习

1. 结合本节内容谈谈你对素质与修为的理解。
2. 培养礼仪修养的途径有哪些？
3. 制作一份计划书，计划今后将从哪些方面提升自己的素质与修为。

第二节　民航员工应具备的能力

【学习目标】

1. 了解能力的含义及民航员工的工作职责。
2. 掌握民航员工应具备的各项能力。
3. 能够在实际工作中灵活变通，运用各项能力解决实际问题。

【名人名言】

成功的关键在于相信自己有成功的能力。

——拿破仑

【绅士淑女有约】

在现代职场，各行各业对员工都有能力的要求，那何为能力呢？能力是指完成一项目标或者任务所体现出来的素质，直接影响活动效率。平常生活中，能力往往是与个体完成某种实践活动联系在一起的，二者是相辅相成的，离开了具体实践，既不能表现个体的能力，也不能发展个体的能力。根据《航空法》39 条规定：民用航空人员（见图 1.2.1），即从事

图 1.2.1　民用航空人员

民用航空活动的空勤人员和地面人员。无论是负责在舱内提供服务的空勤人员，或者是负责为旅客在地面提供服务、在飞机起飞前确保飞行安全为飞行提供必不可少的飞行前准备的地面人员，都是为旅客的安全、舒适出行服务的。

以空乘人员为例，民用航空人员应具备的能力应包括以下几大类。

一、亲和力

【案例分析】

央视主持人董卿已经连续多年担任春节联欢晚会主持人。选中她的原因在于她的亲和力较强。她的亲和力具体表现在哪些地方呢？相信大家都见过她的笑容。因此提升亲和力的方法之一就是：随时随地保持你的笑容。

【想一想】

1. 董卿能够多年担任春节联欢晚会主持人的原因是什么？
2. 在生活中保持微笑对你有什么益处？

董卿作为中央电视台主持人，不仅专业素质过硬，更重要的是在日常的工作中给人留下了亲切的印象，尤其是她具有的亲和力的微笑。

空乘人员的工作不是简单的端茶递水，而是一项需要具备"眼观六路，耳听八方"全方位能力的工作，但归根结底也属于服务行业，所以摆在首位的是旅客的利益与良好的体验。良好的旅客反馈又首先来自于空乘人员的亲和力，亲和力在与人相处中处于首要地位，这就要求乘务员需要养成这种能力。亲和力是从业人员从内心到外在传递友善信息给服务对象，因此产生一种使人开心、愉悦继而欣赏、信任的心理感受，并产生使人亲近、愿意接触的力量，从而建立起与旅客之间的亲切友好的人际关系。

亲和力在人际交往中起着至关重要的作用，它来源于人与人之间彼此的认同感与尊重。作为初次谋面的乘务员与旅客，便需要乘务员用这种亲和力消除彼此间的陌生感，构架起彼此间良性沟通的桥梁，增加彼此间的信任感，让旅行在外的旅客得到亲人般的温暖感受。当然，亲和力除了天生自带的成分以外，更是自身综合素质的体现，在拥有良好的文化修养、优雅的谈吐以及大方的气质基础上，不得不提的就是具有亲和力的微笑。见图1.2.2。

微笑是世间最美的语言，也是人际交往的通行证。发自内心的微笑是最真诚的微笑，也是乘务员亲和力的有力保障。每年民航界都会举行"最具亲和力乘务员"的选拔比拼活动，在这期间会涌现出一大批航空公司的代表人物。例如，新加坡航空公司就以乘务员的亲和力著称，乘务员在服务的过程中始终面带微笑，甚至在聆听旅客要求或者提供服务时，有些乘务员采取跪地服务的方式。旅客可以得到上帝般的身心体验，精神上得到极大的满足。

图 1.2.2　微笑

二、观察能力

【案例分析】

2004年12月26日，英国女童蒂利与家人正在泰国普吉岛度假。那天他们一家在海边玩耍时，蒂利突然发现海面上冒起了大量泡沫，就像啤酒表层的泡沫。她马上联想到老师在地理课上播放的有关夏威夷海啸灾难的纪录片。蒂利马上将这一情况告诉了家人及其他游客，很快，海滩上的100多名游客迅速离开了海滩，转移到了安全地带，从而成功地躲过一劫。海啸发生时的场景如图1.2.3所示。

图 1.2.3　海啸

【想一想】

英国女童能够帮助家人及其他游客的原因是什么？

服务不仅需要良好的服务意识，还需要懂得旅客的需要，这便是空乘人员必备的心理学。民航服务人员的观察能力（见图1.2.4）是指服务人员通过观察旅客外部表现去了解其心理的一种能力。每天全国各地大小机场吞吐量成千上万，各个航班的机组成员服务的旅客也是个性万千，飞行途中更是会遇到各类事件，因此对乘务员的观察能力要求颇高。

首先应该从旅客的外部特征开始观察，可通过表情判断，其次通过肤色判断，最后通过发型、服饰判断。在航班飞行中需要乘务员对本次航班的目的地、飞行任务有明确的了解，然后以丰富的飞行知识与经验从旅客的言行举止和表情等进行细心辨别、分析和判断，对老弱病残孕等特殊旅客及时给予关爱并提供力所能及的服务。

图1.2.4　观察花草

【观察力考验】

图1.2.5中有多少张人脸？

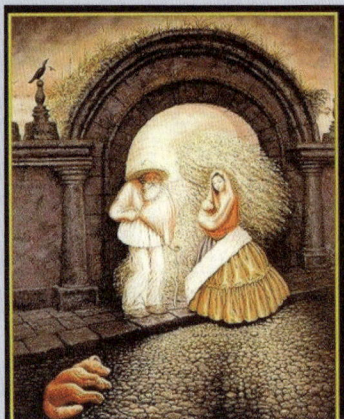

图1.2.5　观察力考验

【案例分析】

空乘人员的服务片段

飞机飞行5分钟之后，内场乘务员开始广播，外场乘务员就要开始发放报纸、果仁、纸巾，远程航班还要发放餐前饮料，接着供应餐食，然后再送一遍饮料，这时差不多就可以收餐盘了。见图1.2.6。

当这些服务都结束后，就该拿着托盘巡视客舱了。看看旅客是不是还有别的需要，是不是还要饮料，或者还有什么需要收走的；帮睡觉的旅客关掉阅读灯和通风口，给他们盖上小毛毯，递上枕头；看看客舱里是不是有什么垃圾，要随时注意清除。其中，还要注意观察旅客有什么需要，且最好在他们向你提出来之前就可以看出来，帮他们解决问题……飞机下降时，又该进行安全检查了，提醒旅客系好安全带，调直座椅靠背，收起小桌板，打开遮阳板，看看行李架是否扣好，紧急出口和通道是否有行李摆放。直到检查完毕，乘务员才有时间坐在自己的座位上休息一会儿。

【想一想】

1. 空乘人员在服务过程中除了提供基础的服务，想让旅客有更舒心的服务体验，还需要空乘人员具有什么能力？

2. 通过阅读本案例，你有什么启示？

图 1.2.6　餐饮服务

三、注意能力

注意能力是心理活动的重要特征，是个人心理活动对一定对象指向与集中的能力。注意能力可以使我们清晰地认识事物的本真状态，提高个人认识活动的效果，也是我们能够顺利完成各种活动的重要条件。而空乘人员的注意能力是指乘务人员在工作中，把心理活动定向集中在旅客身上的能力。乘务员在进行客舱服务的时候要将个人注意力范围扩大，做到眼观六路，耳听八方。比如，在为旅客送饮料时，不仅要注意餐车上各种物品的摆放、餐车在舱内的走势，同时还要小心避免把饮料洒到旅客身上等。要提高民航服务人员的注意力，就需要让空乘人员首先明确服务以及自身工作的意义，以各种形式提高她们对本职工作的兴趣，并且将生活中的事件与工作区分开，注意排除各种干扰。

四、倾听能力

【案例分析】

侥幸逃生的航空旅客回家后上吊自杀

那是一个圣诞节，一位美国男子为了回家和家人团聚，兴冲冲地从异地乘飞机往家赶，一路上想象着与家人团聚的喜悦情景。恰巧天有不测风云，这架飞机在空中遭遇猛烈的暴风雨，飞机脱离航线，上下颠簸，随时有坠毁的可能，空姐也脸色煞白、惊恐万分地吩咐旅客做好紧急撤离的准备。这时飞机上所有人都在祈祷，也就是在这个万分紧急的时刻，飞机在驾驶员的冷静驾驶下终于平安着陆，于是大家都松了口气。

这位美国男子回到家后异常兴奋，不停地向妻子描述飞机上遇到的险情，并且满屋子转着、叫着、喊着……然而他的妻子和孩子正在兴致勃勃地分享着节日的喜悦，对他经历的惊险没有丝毫兴趣。男子叫喊了一阵，却发现没有人听他的倾诉，他死里逃生的巨大喜悦与被冷落的心情形成强烈的反差，在他妻子去准备蛋糕的时候，这位美国男子却爬到阁楼上，用上吊这种古老的方式，结束了从险情中捡回的宝贵生命。

【想一想】

一位在飞机上遭遇惊险却大难不死的美国人回家后反而自杀了，原因何在？

心理学研究表明，人在内心深处都有一种渴望得到别人尊重的愿望。而这种愿望的实现就是有人愿意倾听自己的诉求与心声。学会倾听是每个服务人员的一种责任、追求和职业自觉，民航服务人员在工作中，不仅要会表达、会做，更重要的还要会听（见图1.2.7）。

著名社会学家卡耐基曾经说过："一双灵巧的耳朵，胜过十张能说会道的嘴巴。"有效的倾听可以帮助民航服务人员真实地了解旅客，获得有效的信息以便开

图1.2.7 学会倾听

展工作，并且使被倾听对象感到被尊重和被欣赏。民航服务人员的倾听能力是指在服务过程中投入自己的感情到"听"的活动中去，从而完整地接受服务对象传递的信息的能力。积极的倾听可以帮助自己获得大量有用的信息，增长自己的智慧；同时在为旅客服务的过程中，可以减少与旅客间的误会，促进与旅客的沟通交流，增进彼此间的融洽关系。在倾听的同时，乘务员要注意用目光注视旅客，眼神上的交流可以让旅客体会到被尊重和重视的感觉，同时恰当地利用面部表情，比如微笑、扬眉、点头等，丰富彼此的交流，形成与旅客间的良性互动。当旅客在主动表达自己的意见时，乘务员应在积极倾听的同时，使用适当的简单回应鼓励对方继续表达，比如"嗯"、"对"、"是的"等。并且在身体动作方面以一种开放性的姿态去接触旅客，比如身体微微前倾，采取轻松灵活的姿势。做到有效的倾听需要从几个方面着手：不随意打断旅客的话；倾听时要注意对方话语的语气语调；在倾听过程中适时地给予回馈，比如，适时重复对方话语，表现出感兴趣，以表明你在认真倾听；抓住对方话语中的重点内容，并且努力理解旅客说话内容的真正内涵。

■ 知识链接

倾听能力测试见图1.2.8。

请回想你在与他人交往沟通时的表现，然后用"是"或"否"真实地回答下列问题：

（1）我常常试图同时听几个人的交谈。

（2）喜欢别人只给我提供事实，让我自己作出解释。

（3）有时假装自己在认真听别人说话。

（4）认为自己是非言语沟通方面的高手。

（5）常常在别人说话之前就知道他要说什么。

（6）如果不喜欢和某人交谈，常常用注意力不集中的方式结束谈话。

图1.2.8 倾听能力测试

（7）常常用点头、皱眉等方式让说话人了解我对他说的内容的感觉。

（8）常常别人刚说完，就谈自己的看法。

（9）别人说话的同时，我常常思考接下来我要说的内容。

（10）说话人的谈话风格常常影响我对内容的倾听。

（11）为了弄清对方所说的观点，常采取提问的方式，而不是进行猜测。

（12）为了理解对方的观点，总会狠下功夫。

（13）常常听自己喜欢听的内容，而不是别人表达的内容。

（14）当我和别人意见不一致时，大多数人认为我理解了他们的观点和想法。

（15）别人说话的同时，也在评价他讲的内容。

题目（4）、（12）、（13）、（15）为"是"，其余为"否"。将答错的题目个数加起来乘以7，再用105减去这个乘积，就是最后得分。评判：91～105分之间，说明有良好的倾听习惯；77～90分之间说明有很大的进步空间；76分以下，说明应该在倾听技巧方面下更大的功夫。

五、沟通能力

【案例分析】

不沟通造成的航班延误

某航班有一位老干部旅行团。其中一位老人看到自己座位上方的行李架放满了东西（机载应急设备），就将行李架上的防烟面罩连同套子取下来，放在地板上，将自己的行李放在该应急设备的位置上。2号乘务员检查行李过程中，发现此种情况，未调查设备移动的原因就直接报告乘务长，且报告内容过于简单，造成乘务长判断失误，以为情况失控。乘务长未再次确认就报告机长，机长接到报告后，通知地面处理，最后该名旅客和旅行团导游被带下飞机，造成航班延误52分钟。行李检查见图1.2.9。

图1.2.9　检查行李

【想一想】

1. 该案例中哪些地方的沟通还需改进？

2. 如果是你的话，在当时的情况下准备怎样进行有效的沟通？

在上述案例中，由于在处理过程中机组之间、乘务组与旅客之间语言沟通不到位，激起周围旅客的不满，对抗情绪浓厚，导致乘务长处于被动位置，给接下来的服务工作带来了相当大的困难。如果在处理此次事件时能够顾全大局，把握好沟通的度，可以避免因过度处置造成的航班延误和旅客不满。乘务员应首先使用适当的语言询问行李的主人，然后用礼貌的语言向该旅客解释这个位置是用来存放应急设备的，希望该旅客能够理解配合，最后再帮他找一个妥当的位置放置好行李，这样就顺利解决了问题。由此可见，空乘人员在整个航班飞行过程中承担着上百名旅客的安全和舒适，这需要空乘人员有足够的能力与较高的素质，其中，沟通能力作为能与他人交流共处及保障他人生命财产安全的必备能力，显得极为重要。从这个意义上来讲，沟通能力是指一个人和他人有效地沟通信息的能力，主要是指表达能力。

【案例分析】

观察漫画（见图 1.2.10）并思考以下问题。

【想一想】

1. 通过对漫画的观察，请说明漫画中出现了什么问题，以及产生该问题的原因。

2. 如果你是漫画中的人，应如何做来避免该问题的发生？

图 1.2.10　表达能力

由图 1.2.10 可以看出，一个工程项目因在建设过程中彼此理解不一致，最终造成了工程事故的后果。如果双方事先提前沟通，表达清楚，统一意见，便可以避免该状况的发生。虽然漫画具有一定的特殊性，但是在实际生活中空乘人员在服务中也会因为与旅客缺乏沟通而引发不少的误会与矛盾，轻则影响彼此心情，重则影响航班正常飞行，对航班安全带来不小隐患。因此良好的沟通能力是一名合格

图 1.2.11　沟通

的空乘人员必备的基础素养。沟通能力看起来是一个人人际交往的外在表现能力，实际上是个人素质的重要体现，它体现了一个人的知识、能力和品德。沟通（见图 1.2.11）有三大要素，其一是沟通前应该有明确目标，为自己设定沟通的目标，并通过种种方式传递给沟通对象，以便达到事半功倍的效果。其二是要达成彼此认可、互相认同的协议，或彼此理解，不仅做到"沟"，更要达到"通"的效果。其三是沟通要以良好的情感为基础，人的情绪往往随着事件的变化发生不小的起伏，因此良好的沟通还应该建立在彼此真诚、发自内心的情感之上。当然良好的沟通能力对空乘人员的语言掌握也有一定的要求，除了要学习普通话，包括发音准确、语调适中、词汇生动丰富、表达准确以外，还需要空乘人员掌握一门或多门外语，尤其是英语及日韩小语种，在与外国人沟通交流时能够做到直接明了地理解并传递自身感情。当空乘人员掌握了良好的沟通能力并且能够根据工作状况的变化恰当运用时，一定可以让自己的工作开展得更加顺畅，也会让自己对这份职业充满认同感与归属感。

■ 知识链接

礼貌用语需知晓

美国知名学者保罗·福赛尔曾经说过："语言最能表现一个人。你一张口，我就能了解你。""一个人怎么说话，说什么话，当然毫无例外地显示着他的品位。"他因此进一步认定：一个人平日所使用的具体词汇，实际上都如实地表现了他自身的教养与待人的态度。用他的观点来解释空乘服务人员的沟通能力，同样是可行的。良好的沟通能力是由多方面组成的，其中语言占了很大的成分，主要包括礼貌用语、文

明用语和行业用语。在人际交往过程中，恰到好处地运用礼貌用语有助于双方建立平等的沟通关系，形成好感，为后续的交往打下良好的基础。因此，准确而适当地使用礼貌用语是对空乘服务人员的一项基本要求，主要是指空乘人员在工作岗位上为旅客提供服务的过程中使用恭敬自谦的、约定俗称的语言和表达方式。根据使用场合的区别，礼貌用语一般分为问候语、迎送语、道歉语、征询语言等类型。见面礼仪见图1.2.12。

图 1.2.12　见面礼仪

（1）问候语。是指人们在公共场合初次见面时，彼此致以问候，表达关切之情。空乘人员常用的问候语有两大类，第一类是标准问候语，在问好前加上适当的人称代词，并直接向对方表达问候、关切之情。比如，"您好！""大家好！""×小姐好！""×先生好！"第二类为时效性问候语，是指在一段具体的时间内使用。比如，"早上好！""中午好！""晚上好！""早安！""晚安！""大家早上好！"见图1.2.13。

图 1.2.13　问候语

（2）迎送语。主要是指空乘人员在欢迎和送别旅客的过程中使用的语言。尤其是在彼此初次见面时欢迎语是不可不用的，常见的欢迎语有"欢迎光临！（见图1.2.14）""见到您很高兴！""欢迎您的到来！"与此同时，在使用欢迎语的同时还需与其他相关礼仪知识相结合，如鞠躬礼、微笑礼、握手礼等。

欢 迎 光 临

图 1.2.14　欢迎光临

送别语只适用于送别他人的时候使用，常见的送别语有"再见！""请慢走！""欢迎再来！""您走好！"等。

（3）道歉语。在空乘人员工作中难免会因为一时的疏忽粗心，造成工作中的失误，给旅客带来不便或困惑，这需要空乘人员及时采用适当的语言向旅客表达诚挚的歉意，以消除彼此间的误解，方便后续工作的开展，但同时做到"不卑不亢"。常见的道歉语有"抱歉！""对不起！""不好意思！""请多包涵！""真过意不去，给您带来了不便！"等。当然还需要根据情况的不同搭配其他相关的辅助语言加以解释说明，以期取得旅客的完全谅解。

（4）征询语。在服务过程中，空乘人员往往会就某件事情或者某样事物的选择向旅客进行征询，以便做出适当的反馈。比如，在向旅客提供帮助与服务时常常使用"您需要帮助吗？""您好，能为您做点儿什么？""您需要哪种饮料？""请问您需要小毛毯吗？"这样的征询语直截了当，可以迅速解决问题，节省时间，但需要空乘服务人员注意说话的语气。见图1.2.15。

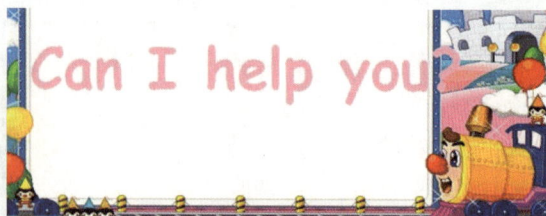

图 1.2.15　您需要帮助吗？

六、应急处理能力

【案例分析】

乘务员喊出"相信我们"，成功安抚旅客

2015 年 7 月 25 日午夜，某次航班从台州起飞后，飞行过程一切正常，直到一丝汽油味打破了深夜的平静。5 号乘务员董××在客舱服务过程中，闻到后舱部位有疑似汽油的味道，立即向乘务长报告，这引起了乘务长周××的重视。周××悄悄地安排安全员、乘务员分工检查巡视。董××在巡查时发现本应空着的最后三排座

图 1.2.16　表彰大会

位上，有几名旅客，便走到后排，微笑着请旅客们坐回原位。其他旅客相继起身，坐在 25C 的男子却不为所动。在董××的再次提醒下，那名男子才离开座椅，向客舱前部走去。董××在整理 25 排座位时，闻到有刺鼻的汽油味，且发现 25 排 A、B 座位上下和壁板上都有明显的液体痕迹，立即将此情况告知安全员王××和兼职安全员杜×，此时离纵火事发仅有约一分多钟时间。安全员闻讯赶到后舱部位，对行李架等处进行检查。就在此时，25C 座的那位男子跑到前舱点着明火，两名安全员立刻从机舱后部赶上前去制止。

面对突如其来的火情，董××心里咯噔一下。此时飞机已经开始降落，董××想到，旅客因此慌乱走动，有可能影响飞机平衡，危及飞行安全，就一下子冲到客舱中间，高声喊道："请大家坐好！坐好！！请相信我们！相信我们！！我们是有能力的！！"那喊声，比用扩音器的声音都大。在董××和其他乘务员的安抚下，旅客都回到各自的座位坐好，避免了机舱内慌乱情况的发生，为随后的飞机安全降落和人员安全撤离提供了保障。一句"相信我们"给惊魂未定的旅客吃了一颗定心丸，也喊出了民航人训练有素的自信和在危急关头敢于担当的时代强音。见图 1.2.16。

【想一想】

1. 在乘务员处置该事件中，有哪些情景是值得你学习的？展现了乘务员的什么能力？

2. 如果你是该航班中的一名乘务员，在平常的培训中你需要积累哪些方面的素养来增强自己处理这些紧急情况的能力呢？

　　乘务员每天都会服务于不同班次的航班，也会为不可计数的旅客提供服务。在航班的飞行过程中，旅客的组成也是复杂多变的，除了多数行动自如的普通旅客，还包括不在少数的特殊旅客。特殊旅客是指在接收旅客运输和旅客在运输过程中，承运人需给予特别礼遇，或需给予特别照顾，或需符合承运人规定的运输条件方可承运的旅客。特殊旅客主要包括重要旅客、无成人陪伴儿童、孕妇、轮椅旅客、担架旅客、病残旅客、遣返旅客、犯人等。这些旅客在航班飞行过程中，首先需要乘务员多加关注与照顾，与此同时还需要注意伴随这些旅客可能随时出现的紧急情况。其次，在航班飞行过程中，还会遇到各类紧急情况，例如旅客突发病情，这就要求乘务员在日常的培训中掌握扎实的医疗急救知识。在出现突发的威胁航空飞行安全的紧急情况时，乘务员应及时为旅客讲解紧急撤离的程序，并及时带领旅客执行水上撤离或陆上撤离的程序，帮助旅客安全撤离。当然，出现这些紧急情况时，需要乘务员拥有良好的应急处理能力，主要体现在以下四个方面。

　　第一，乘务员要具备处置紧急情况所需的心理素质。在出现紧急情况时，能够沉着冷静地分析事情的情况以及发展的动向，而且能够根据这些实际情况制订最优的解决方案并采取迅速行动。这不仅能够起到安抚旅客情绪的作用，而且也是让旅客配合做好撤离工作的重要条件。实事求是地说，要求乘务员在紧急情况下保持沉着冷静、清醒镇定的心理素质不是件容易的事，国内外航空公司都有这样的案例，当紧急情况发生以后旅客还没有慌张，个别乘务员自己已经吓得一塌糊涂，有的甚至在旅客面前大哭等等，造成非常不好的后果。因此，要求乘务员在紧急情况出现的时刻能够临危不惧，沉着冷静，这一半取决于乘务员个人的天性，另一半取决于后天的培训。一名记者在高考期间采访了一位理科高分考生，得知他在数学考试结束前 10 分钟，发现还有两道题没做。他没有惊慌，定神目视黑板十几秒钟，做了几次深呼吸，心想能做多少做多少，最后竟然从容地把题答完了，而他的很多同学则由于紧张输在这 10 分钟里。他说："真不敢想象会发生这样的奇迹，是良好的心态救了我。"高考生在人生重要的时刻能够把握好关键 10 分钟，是凭借良好的心理素质，更别提在蓝天上为旅客安全飞行起到定心丸作用的乘务员，更应有坚强的意志、良好的心理素质。

　　第二，乘务员需要有坚实的专业知识做后盾。乘务员在岗前培训中应认真学习，熟悉各类型航空器内舱的结构设计，特别是各类紧急设备、安全出口的位置；熟练掌握紧急舱门的开启与操作，在日常训练中多参与各类演习，掌握紧急情况下的撤离程序；熟练掌握灭火器、氧气面罩、救生衣、救生船、紧急救生设备的使用方法。如果在实际的飞行过程中一旦发生了不可预测的紧急情况，乘务员务必用熟练的操作方法给旅客的安全撤离争取宝贵的时间。在客舱服务过程中将安全措施真正落实到每一位旅客身上。比如，在做安全演示时，除了按照演示的程序做给旅客观看，更要同时兼顾旅客有没有看懂，能否学会操作（见图 1.2.17）。

图 1.2.17　安全演示

这就需要乘务员在做安全演示时运用各种各样的肢体语言引起每一位旅客的注意。航班起飞前的安全广播与演示看似只是教给旅客一些简单的安全知识，但在紧急情况发生后需要撤离时将起到积极作用。

比如，2005年8月3日，法航空客A340飞机的309名旅客与机组成员上演了"教科书式撤离"，两分钟内机上全部人员成功逃离当时已燃起熊熊大火的飞机，这次逃生经历成了紧急逃生的典范。当时，飞机左侧被雷电击中，飞机内外马上被黑烟笼罩，所有的电灯都熄灭了。据当时的旅客说，周围一片黑暗，紧急氧气面罩掉下来。该飞机在暴风雨中滑出跑道183米后，终于停住。机上的12位机组人员非常镇静，反应也相当快捷。机长在驾驶舱中，不断地告诉所有旅客保持平静，听从指挥。其他机组人员快速地从座椅上起身，迅速打开飞机侧面的救生门，放下滑梯，一边帮助旅客逐个撤离，一边不断地安慰旅客，使整个疏散工作平稳进行。

旅客们在他们的指挥下，没有慌乱，依次攀上座椅，再滑下大约长12英尺的滑梯。但是第二个救生门的滑梯坏了，有的人跳了下去，有些人伤了胳膊或腿，也有人被飞机上碎落的玻璃划伤，但是都不严重。乘务员和驾驶员最后在起火的飞机中做了全面的检查，确定所有旅客都已安全撤离，没有任何人被遗漏，方才离开飞机。在52秒钟内，一大半的旅客已经被撤离。

地面急救人员配合得也非常及时（见图1.2.18）。飞机起火后不到一分钟，机场救护车就赶到了飞机附近。他们将受伤者送往医院，同时向大雨中的旅客们提供了保暖的毯子。值勤的警察们还将跑散的旅客集中到安全地点。整个工作从上到下有条不紊，被媒体称为"经典撤离"。旅客之所以能够顺利逃离机舱的一个原因是乘务员教给旅客紧急情况下离开飞机的方法。法航事件证明了这一点。

图1.2.18　地面救护

第三，乘务员必须具备处置紧急情况所需的组织能力。在航班飞行过程中，紧急情况存在突发的特性，在紧急情况发生时，有些旅客由于没有经历过会产生焦虑、紧张和害怕的情绪，不一定听从乘务员的指令，这时乘务员必须及时转变角色，由服务人员转变为现场的指挥者。在角色转变的过程中，乘务人员的组织能力就起着非常重要的作用。因为在这一关键时刻，乘务员是组织旅客撤离的实施者，是保证旅客安全的卫士，所以，乘务员必须具备很强的组织能力，不仅要组织好旅客，控制旅客情绪，而且要维持客舱内的秩序，这是把伤亡率降到最低的关键所在。例如，俄罗斯西伯利亚航空公司一架空客A310客机满载着203名旅客在伊尔库茨克市机场降落时出现故障，冲出跑道撞上机场建筑物后发生爆炸。在这次悲惨的空难事故中，一名乘务员在飞机爆炸前，机敏地打开一处舱门，并果断有序地组织旅客迅速撤离现场，成功地救出了二十几名旅客。

第四，乘务员必须具备处置紧急情况所需的团队精神。当紧急情况发生时，乘务员需要迅速形成默契，团结起来，保持思想与行动的一致性是至关重要的。这集中表现在，在航班飞行过程中乘务员需要明确各自负责的岗位和职责，相互协作、相互配合，形成良好的默契，从而保证紧急情况出现时在组织撤离过程中能够不出现拥挤踩踏或者影响紧急情况处置的问题，从而提高撤离的效率，保障旅客的安全。

例如，全美航空公司 1549 航班两台发动机被鸟击以后，在完全失去动力的情况下，飞行员靠飘降成功迫降在哈德逊河面上，155 人全部生还。这一方面证明了机长的精湛驾驶技术，但在另一方面，不可否认的是，这也离不开乘务员处置紧急情况的能力，在迫降以后机舱内的疏散工作全部是由乘务员组织完成的，她们以极其专业的素养与团队精神，将全部旅客安全疏散。当时舱内共有三名乘务员，两名乘务员在客舱前部迅速引导旅客撤离，另一名乘务员在客舱尾部，努力引导旅客走向机舱前部（因为飞机尾部在水中吃水很深，要是任何一个后门打开了，河水会很快进入舱内，飞机可能不会漂浮那么长时间）。在三位乘务员团结协作的配合下，155 名旅客全部生还，而且没有任何重大伤害。由此可见，在全美航空公司 1549 航班成功解救旅客的过程中，乘务员的团队合作起着非常重要的作用。

■ 知识链接一

你不得不知道的航空急救知识

由于乘机旅客的年龄构成不一，身体状况也千差万别，在飞行途中往往会发生各类突发的身体健康状况，由此要求乘务员掌握基础的航空急救知识（见图 1.2.19）。

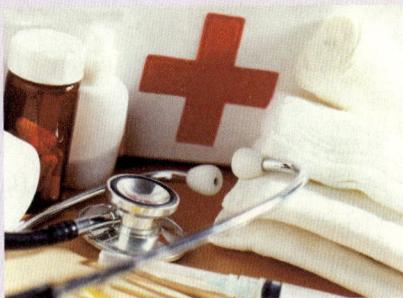

图 1.2.19　医疗救护

航空急救是指在任何意外情况或者紧急病况发生的时候，乘务员在专业医护人员未到达前，按照医学护理的原则，利用现场已有的适用物资临时适当地为伤病者实施初步救援。主要的目的在于帮助伤病患者减轻心理负担，同时促进病情恢复。比如，用恰当的方式复位伤病患者，避免一些非专业、非必要的移动，以便保持最有利于治疗的姿势；保存伤病患者的生命，例如，紧急止血、救治突发的休克状况、紧急恢复呼吸与心跳（见图 1.2.20），以及防止伤病患者伤情或病情严重恶化，比如紧急包扎伤口。

为做好客舱急救工作，需要乘务员具备以下能力。

图 1.2.20　紧急救护演示

（1）做好客舱内的急救工作，首要的是乘务员要学会观察伤病患者的生命体征并迅速作出正确的判断和处置。生命体征是用来判断病人的病情轻重和危急程度的指征，主要包括呼吸、脉搏、体温、血压及意识等。它们是维持机体正常活动的支柱，不论哪项异常，均会危及人体的生命安全。正常成年人的平均呼吸频率为 12~20 次 / 分；儿童平均呼吸频率为 30~40 次 / 分，儿童

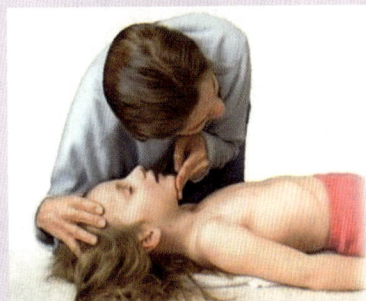

图 1.2.21　判断呼吸

的呼吸随年龄的增长而减少。危重呼吸：频率减慢，深浅不一，节律不齐。呼吸停止：胸部无起伏，无呼吸音，呼气时口鼻无气体溢出。现场判断呼吸情况的方法：可以将耳朵贴近患者的口部，观察患者的胸部，看胸部有无起伏，听口鼻及气管内有无气体流动的声音，用面部感觉有无呼气时的气流溢出。见图 1.2.21。

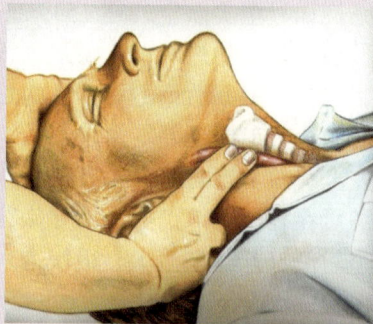

脉搏，是指大量血液进入动脉，将动脉压力变大并使血管的管径扩张，且在人体皮肤浅表可以触摸到动脉搏动。正常人以颈动脉脉搏为准，平均频率为 60~100 次 / 分，现场判断方法：以手指确定病人喉结后，手指滑向一侧，在喉结与胸锁乳突肌前缘之间检查有无颈动脉搏动（见图 1.2.22）。

图 1.2.22　指压脉搏

（2）乘务员要掌握必要的紧急救护技巧。在各类紧急救护技巧中，可提高生还率的便是心肺复苏（见图 1.2.23）。紧急情况发生时，由各种原因引起的或在不可预料的情况下一段时间内心脏突然停止搏动，从而导致有效心泵功能和有效循环突然

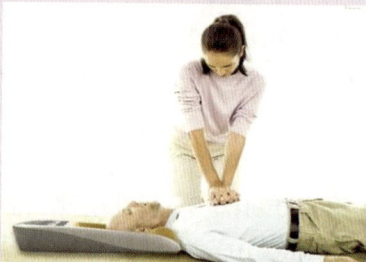

图 1.2.23　心肺复苏

中止，引起全身组织细胞严重缺血、缺氧和代谢障碍等突发状况。可采取胸外按压的形式形成暂时的人工循环并恢复自主搏动，并采用人工呼吸代替自主呼吸。一般在心肺复苏的实施过程中要争分夺秒，尤其是"黄金四分钟"。经过大量实践证明，如果在伤病患者出现心脏骤停的 4 分钟内进行心肺复苏，那么他的生还率可能有 50%；在 4 ~ 6 分钟内进行心肺复苏，生还率可能在 10% 左右；而超过 6 分钟进行心肺复苏，那么存活率仅仅为 4%；甚至更为严重者超过 10 分钟进行心肺复苏，那么存活率几乎为 0。由此可见，实施心肺复苏对时间以及动作精准性的要求极高。

■ 知识链接二

特殊旅客，特殊照顾

国内各机场每天旅客吞吐量巨大，在这些旅客中还存在着不小数目的特殊旅客，这些特殊旅客都需要乘务员予以特殊照顾。特殊旅客是指在接收旅客运输的过程中，由于其身体或精神状况需要给予特别的礼遇，或需给予特别照顾的旅客，或在一定条件的要求下才能予以运输的旅客。主要包括重要旅客、无成人陪伴儿童、孕妇、轮椅旅客（见图 1.2.24）、担架旅客、病残旅客、遣

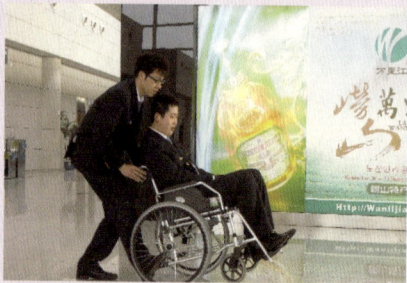

图 1.2.24　轮椅旅客

返旅客、犯人、酒醉旅客等。

无成人陪伴儿童（Unaccompanied Minor, UM）是指年龄满 5 周岁但不满 12 周岁，乘坐飞机时没有 18 周岁以上成人陪伴而单独乘机的儿童旅客（见图 1.2.25）。不同航空公司所属的不同航线、不同航班，对无成人陪伴儿童的票价以及每个航班的接收人数限制、年龄等均有差别。

图 1.2.25　无成人陪伴儿童

例如，厦门航空有限公司在承运无成人陪伴儿童时根据不同的机型，接收的数量不同，B737 系列可以接收 5 名无成人陪伴儿童，B757 系列可以接收 8 名无成人陪伴儿童。并且厦门航空有限公司的无成人陪伴儿童年龄满 4 周岁就可以接收，没有联程运输限制。深圳航空有限责任公司在接收无成人陪伴儿童方面没有详细的规定，但是规定一个航班的特殊旅客不能超过 5 名。奥凯公司手册规定接收 5 名，但实际只能接收 3 名。但是，各航空公司对无成人陪伴儿童的安排和照顾原则基本一致，主要安排在便于指定的随机服务员或乘务员照料的适当位置，不得安排在紧急出口的座位上，最好是靠近厨房且是过道的位置上。如果条件允许，客舱内空位较多，可将无成人陪伴儿童与其他旅客的座位分开。

思考与练习

1. 民航员工应具备的基本能力有哪些？
2. 沟通能力具体包括什么？
3. 结合工作实际，谈谈你对民航员工应具备的基本能力的理解。

模块二　民航服务沟通技巧及电话礼仪

第一节　沟通的目的与过程

【学习目标】

1. 掌握沟通的概念。
2. 了解沟通的目的。
3. 掌握沟通的注意事项与过程。

【名人名言】

良言一句三冬暖，恶语伤人六月寒。

【案例导入】

小王请了甲、乙、丙、丁四个人吃饭，临近吃饭的时间，丁迟迟未来。小王着急了，脱口而出："该来的怎么还不来？"甲听到这话不高兴了，心想："看来我是不该来的？"于是就告辞了，小王很后悔自己说错了话，连忙对乙、丙解释说："不该走的怎么走了？"乙心想："原来该走的是我。"于是也走了。这时候，丙对他说："你真不会说话，把客人都气走了。"小王辩解说："我说的又不是他们。"丙一听，心想："这里只剩我一个人了，原来是说我啊！"也生气地走了。

【想一想】

1. 小王在与人沟通的过程中存在什么问题？
2. 如果你是小王，你会怎么处理类似局面？

【绅士淑女有约】

　　沟通是一门艺术，是社交活动中必不可少的一部分。作为民航服务人员更是如此，能够准确、及时地与旅客进行沟通，对工作的顺利开展有着重要的作用。在人与人的交流中，如果沟通不顺畅，不能将自己的真实想法表达出来，就会引起不必要的麻烦。因此，拥有良好的沟通技巧是成为一名优秀的民航服务人员最基本的素质。

图 2.1.1　良好的第一印象

良好的第一印象是打开沟通大门的钥匙（见图2.1.1）。在初次见面的过程中给人留下好的第一印象至关重要，人与人的交往，就是一个反复沟通的过程，沟通好了，就容易建立起良好的人际关系；沟通不好，闹点笑话倒没什么，但因此得罪人，失去朋友，失去工作就后悔莫及了。

【想一想】

如何才能给人留下良好的第一印象？"73855"原则具体指什么？

一、沟通的概念

所谓沟通是指为达到一定的目的，将信息、思想和情感传送给对方，并且期望得到对方作出相应反应的过程。如果一个人有良好的沟通能力，并能合理地利用沟通技巧，那么他将在社会中能够很好地施展自己的才华，并能与人和睦相处。

二、沟通的目的

民航服务人员作为服务行业的从业人员，平常的工作主要是与旅客接触，为其服务，所以在对民航服务人员进行选拔的过程中，良好的沟通能力是作为一名优秀的民航服务人员必备的素质之一。

（一）工作的正常开展

为了保障航班的正常运行，民航服务人员需要与旅客进行最基本的沟通（见图2.1.2）。沟通的主要目的是为了信息的传递，告知旅客关于乘机的一系列注意事项，是正面的引导，同时也能带给旅客良好的服务体验。

图2.1.2　为旅客办理登机手续

（二）不良情绪的疏导

作为民航服务人员，无论是地面服务人员还是空中乘务人员，都不可避免地会遇到由于一些特殊原因导致航班延误而无法正常起飞的情况。在这种情况下，很多旅客可能会因为长时间的等待而情绪失控，这时拥有良好的沟通技巧就可以化解很多不良的情绪，通过我们服务人员的疏导，对旅客进行安抚，可以减少很多不必要的麻烦。

【想一想】

有哪些具体方法可以疏导旅客的不良情绪？

（三）提升服务品质

民航业伴随着整个国民经济的发展而不断发展壮大，航空运输量持续快速增长，航线网络不断扩大，机队运输能力显著增强，机场、空管等基础设施建设取得重大进展，管理体制改革和扩大对外开放迈出较大步伐。越来越多的航空公司如雨后春笋般出现，有市场就必定有竞争，在激烈的竞争中提升自身的服务品质尤为重要。作为民航服务人员，你的服务就是公司服务品质的体现，所以在服务过程中学会如何进行良好的沟通，是每个优秀的民航服务人员所必须具备的能力。见图2.1.3。

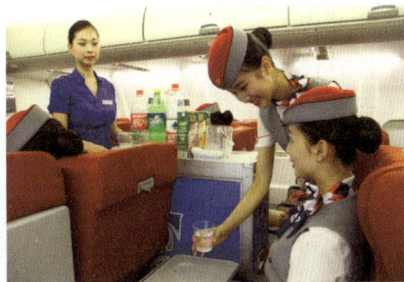

图2.1.3　空乘学员为旅客提供服务训练

■ 知识链接

一日在从乌鲁木齐飞往上海的航班上，在乘务组全部工作结束后开始巡视客舱，24F的一名旅客问正在巡视客舱的男乘务员："现在飞到哪了？"乘务员回答："我也不知道。"旅客对于乘务员的回答非常不满，于是说："你是干什么的！"乘务员因为没听清就回头问了一下，旅客当时正看着窗户外面没有理会乘务员说什么，于是乘务员就拉了一下旅客的袖子，继续询问旅客："先生您刚才说什么，有什么事吗？"于是旅客就说："你是干什么的？你白干这工作？"乘务员听后有些生气，没有很好地控制情绪与旅客发生了争执，最后该旅客通过意见卡投诉了该乘务员，经乘务长努力调节，但旅客仍表示不接受道歉。

通过以上这个案例，我们不难看出这个投诉本是可以避免的，但是由于乘务员与旅客之间没有进行良好的有效沟通，导致出现最后无法挽回的局面，可见沟通的重要性。

▶ 三、沟通过程的要素

通过程包括五个要素，即沟通主体、沟通客体、沟通介体、沟通环境、沟通渠道。

（一）沟通主体

是指有目的地对沟通客体施加影响的个人和团体，诸如党、团、行政组织、家庭、社会文化团体及社会成员等。沟通主体可以选择和决定沟通客体、沟通介体、沟通环境和沟通渠道，在沟通过程中处于主导地位。

（二）沟通客体

即沟通对象，包括个体沟通对象和团体沟通对象；团体沟通对象还有正式群体和非正式群体的区分。沟通对象是沟通过程的出发点和落脚点，因而在沟通过程中具有积极的能动作用。

（三）沟通介体

即沟通主体用以影响、作用于沟通客体的中介，包括沟通内容和沟通方法。沟通介体是沟通主体与沟通客体间的联系，保证沟通过程的正常开展。

（四）沟通环境

既包括与个体间接联系的社会整体环境（如政治制度、经济制度、政治观点、道德风尚、群体结构），又包括与个体直接联系的区域环境（如学习、工作、单位或家庭等），以及对个体直接施加影响的社会情境及小型的人际群落。

（五）沟通渠道

即沟通介体从沟通主体传达给沟通客体的途径。沟通渠道不仅能使正确的思想观念尽可能全、准、快地传达给沟通客体，而且还能广泛、及时、准确地收集客体的思想动态和反馈的信息，因而沟通渠道是实施沟通过程、提高沟通功效的重要一环。沟通渠道很多，

图 2.1.4 语言沟通

诸如谈心、座谈等。

【想一想】

在一次良好的沟通过程中,应注意哪些细节?

四、沟通的过程

简单地说,沟通的过程就是传递信息的过程。在这个过程中至少存在着一个发送者和一个接受者,即发出信息一方和接受信息一方。见图2.1.4。

思考与练习

1. 沟通的概念是什么?
2. 沟通的目的是什么?
3. 沟通过程包括哪些要素?

第二节 有效沟通的技巧

【学习目标】

1. 了解沟通的重要性。
2. 掌握沟通的特点。
3. 掌握有效沟通的技巧。

【名人名言】

假如人际沟通能力也是同糖或咖啡一样的商品的话,我愿意付出比太阳底下任何东西都珍贵的价格购买这种能力。

——石油大王洛克菲勒

【案例导入】

一个老年旅行团乘坐某次航班时,有位老年旅客看到自己上方的行李架放满了东西(机载应急设备),就将行李架上的防烟面罩连同套子取下来,放在地板上,将自己的行李放在了应急设备的位置上。一名乘务员发现后,未调查设备移动的原因,就直接报告了乘务长,且报告内容过于简单,导致乘务长判断失误。乘务长未经再次确认就报告了机长,机长接到报告后,通知地面处理,最后该名旅客与旅行团的导游因此被带下飞机,导致该航班延误52分钟。

【想一想】
　　1. 导致本次航班延误的因素有哪些?
　　2. 如果你是该乘务员将如何处理?

【绅士淑女有约】

一、沟通的重要性

　　沟通是人与人之间采用语言、动作及表情进行信息传递的一种方式，也是人们交流思想感情并产生一定行为的社会活动。作为民航服务人员，具有良好的沟通能力，能够灵活地运用沟通技巧，就能提高服务质量，达到让旅客满意，使民航工作的开展更加顺利。

（一）良好沟通的益处

　　（1）良好的沟通能给人留下好的印象，对于以后的交流或合作有推动作用。

　　（2）良好的沟通能减少误解或是很多不必要的麻烦。

　　（3）良好的沟通能使人乐于交谈。

　　（4）良好的沟通有助于将工作安排得井井有条。

　　（5）良好的沟通有助于保持清晰的思路和条理清楚。

图 2.2.1　良好的沟通

　　（6）良好的沟通有助于工作的开展，对于做好工作更有把握。

　　良好的沟通如图 2.2.1 所示。

（二）沟通的特点

1. 随时性

　　沟通经常发生在没有事先准备，并难以事先预料的各种社交场合，其具体的形式、效果会因人、因时、因地而异。对于民航服务人员来说更是如此，沟通很多时候没有办法提前准备，每次航班的情况有很多不确定的因素，因此，民航服务人员的沟通能力应不断培养和提升，以便能应对在服务过程中可能出现的各种突发状况。

2. 双向性

　　我们在工作和生活中，经常把单向的通知当成是沟通，在这样的沟通过程中是一方说一方听，起不到真正沟通的效果。换句话来说，只有双向的交流才能叫作沟通，任何单向的交流都不能叫作沟通。民航服务人员在工作的过程中，不仅要注意将乘机的注意事项告知旅客，在整个飞行过程中遇到有需求的旅客，应及时有效地与其进行双向沟通。

3. 情绪性

　　在沟通的过程中，沟通者是"发话者"，同时也是"听话者"，双方不断交换着传播信息的角色。只要在这个过程中，双方的对话不断，就能保持双向的沟通，从而产生相互的影响作用，双方的情绪、情感都会对沟通产生一定的影响。大多数情况下沟通都是面对面进行的，双方的情绪和感受也能够直接表达。

4. 互赖性

沟通是双方的事情，如果只有一方积极主动，另外一方消极被动，那么沟通的结果也是不尽如人意的。因此，在沟通的过程中我们应该注意观察对方沟通的意愿，随时调整自己沟通的策略。见图 2.2.2。

图 2.2.2　沟通时注意眼神交流

■ 知识链接

在某次航班上，乘务员为旅客提供正餐服务时，由于飞机上的某种餐食供不应求，不能及时供给旅客，而恰巧头等舱多出了一份，于是连忙给了旅客享用。

情景一：此时乘务员说："这是头等舱多出来的（剩下的）。"听到类似的字眼或是词语时，旅客不但不会感激你，反而还会觉得你对他不尊重，怀疑空乘人员甚至整家航空公司的服务质量。

情景二：此时乘务员说："真对不起，您要的餐食刚好没有了，但我会尽量帮您解决。"然后去头等舱拿出那份餐食对旅客说："您看，我将头等舱的餐食提供给您，希望您能喜欢。欢迎再次选乘本公司的航班，我将非常乐意为您服务。"旅客听完非常受用，觉得得到的是高质量的服务，决定下次依然选乘该航空公司航班。

同样的一份餐食，不同的沟通话语，得到的是截然不同的结果，这就是良好沟通的魅力所在。

▶ 二、民航服务人员的沟通技巧

（一）民航服务人员有效沟通的具体表现

对于民航服务人员来说，其工作就是与不同旅客进行沟通，完成服务。在这个过程中，良好的沟通技巧不仅能够体现自身的职业素养，同时也是一家航空公司管理水平以及服务理念的体现。

1. 尊重和理解旅客的需要

在人际沟通中尊重是最基本的要求，因此在服务的过程中我们首先要做的是学会尊重，在旅客得到尊重的情况下，有助于沟通。将旅客的需要放在服务的首位，尽可能地满足旅客的合理需要。在没有办法满足的情况下，用我们良好的服务来安抚旅客。

2. 学会换位思考

在服务的过程中，学会站在旅客的角度去考虑问题，才能为旅客提供更优质的服务。

3. 学会有效倾听

学会做一个倾听者有时候也是一种良好的沟通，很多时候旅客的需求无非是将自己的不满表述出来。比如，对于一位因为航班延误而滞留的旅客，我们要做的不仅是尽量满足他的合理需求，同时也要乐意做他的倾听者，让他将自己的情绪得到合理的宣泄，这样可以避免很多不必要的麻烦。

4.高效率地解决问题

在得知旅客需求的情况下，尽可能高效率地解决问题，不要让旅客久等，这是在这个岗位上所必须具备的技能，同时也是对民航服务人员自身职业素养的考验。

【想一想】

你在生活中遇到过用良好沟通解决问题的情景吗？

（二）沟通方式

1.利用语言与旅客沟通

语言沟通是我们最常使用的一种沟通方式，也是最为直接地表达我们思想和情感的方式。民航服务人员在服务过程中应主动和及时地与旅客进行沟通。要善于使用"您好！""欢迎乘机！""请问有什么可以帮您的吗？""请系好安全带！""欢迎选乘本次航班！"等问候语和询问语，主动为旅客提供服务（见图2.2.3）。在语言沟通的基础上，应该配合非语言沟通，使沟通达到最好的状态。

图 2.2.3　语言沟通

2.非语言沟通

（1）目光和面部表情

以热情的眼神感染旅客，但要注意我们目光停留的时间和区域。同时用真挚的微笑打动旅客（见图2.2.4），用我们高标准的服务品质让旅客感受到宾至如归的感觉。

图 2.2.4　微笑服务

■ 知识链接

十二次微笑

在某次航班上，飞机正要起飞前，一位旅客请求空乘人员为他倒一杯水吃药，空姐很有礼貌地说："先生，为了您的安全，请您稍等片刻，等飞机进入平稳飞行时，我马上把水给您送过来好吗？"

15分钟过后，飞机早已进入平稳飞行状态，这时旅客服务铃急促地响了起来，空姐猛然意识到：糟了，刚刚太忙，忘给刚才那位旅客倒水了。当空姐来到客舱，看到按铃的果然是那位旅客，她小心翼翼地把水送到这位旅客的跟前，面带微笑地说："先生，非常抱歉，由于我的疏忽，延误了您吃药的时间，实在是对不起。"这位先生抬起左手，指着手表说道："怎么回事，有你这样做服务的吗？"空姐手里端着水，心里感到非常委屈，可无论她怎么解释，这位旅客都不肯原谅她的疏忽。

接下来的飞行途中，为了补偿自己的过失，每次去客舱给旅客服务时，空姐都会特意走到这位旅客面前，面带微笑地询问他是否需要喝水或是其他的服务。然而这位旅客余怒未消，摆出一副不合作的样子，并不理会空姐。

临到目的地前，这位旅客要求乘务员把留言本给他送过去，很显然他要投诉这名乘务员，乘务员心里很委屈，但是依然不失职业风采，显得非常有礼貌，并且面带微笑地说："先生，请允许我再次向您表达我的歉意，无论您给我提出什么意见，我都欣然接受您的批评。"那位旅客脸色一紧，准备说什么，可是却没有开口，就在本子上写了起来。

等到飞机安全降落，所有旅客陆续离开后，乘务员本以为这下完了，可是当她打开留言本，发现上面并不是投诉信，而是一封热情洋溢的表扬信。

是什么让这位挑剔的旅客最后选择放弃投诉她的呢？乘务员读到了这样的一句话：在整个过程中，您表现出来的真诚的歉意，特别是您的十二次微笑，深深地打动了我，您的服务质量很高，下次如果有机会，我还会选乘你们的航班。

（2）身体的动作和姿态

作为民航服务人员，我们自身的职业形象也是我们服务的一部分，其中包括我们的发型、妆容、着装以及我们随身携带的物品（见图2.2.5）。在服务的过程中也应该注意身体的动作，与旅客保持恰当的社交距离，以得体的服务赢得旅客的好感，同时要尽量避免不尊重的动作出现。

（3）聆听

在整个服务的过程中有时"无声胜有声"，在旅客说话时看着对方，不要突然打断对方的谈话，一个好的服务者同时也是好的倾听者。在与对方交流时不要突然转换主题，在聆听的过程中要有感情，"修养决定高度"，同时也要适时地给予回应和反馈。见图2.2.6。

图 2.2.5　职业形象

三、影响沟通的因素

（一）个人因素

1. 民航服务人员的问题

（1）表达能力欠缺而产生的沟通障碍；

（2）表达方式的问题。

2. 旅客方面

（1）对民航服务人员的不信任；

（2）有个人情绪。

图 2.2.6　适时聆听

（二）环境因素

1. 物理环境

包括客舱的光线、温度、噪声、整洁度、隐蔽性等。周围环境舒适安全、安静整洁，有利于与旅客进行沟通（见图2.2.7）；反之，则不利于沟通。

图 2.2.7　客舱环境

2. 社会环境

包括旅客周围的气氛、人际关系、沟通的距离等。良好的人际关系、融洽的氛围、适当的交往距离等会促进沟通的顺利进行；反之不然。见图2.2.8。

（三）情绪因素

民航服务人员和旅客任何一方处于情绪不稳定状态，如高压力、愤怒、兴奋时，可能会出现词不达意，非语言行为过多，从而影响沟通效果。

（四）表达技巧

图 2.2.8　社会环境

恰当地运用沟通技巧，有助于有效沟通，否则导致无效沟通。如改变话题，给旅客一种不愿与之沟通的感觉；主观判断或匆忙下结论常常会使沟通中断；虚假、不恰当的安慰，针对性不强的解释会给旅客一种敷衍了事、不负责任的感觉。

思考与练习

1. 民航服务人员有效沟通的具体表现有哪些？
2. 沟通方式有哪些？
3. 影响沟通的因素有哪些？

第三节　民航服务人员需要正确有效地处理旅客投诉

【学习目标】

1. 了解旅客投诉的原因。
2. 掌握民航服务工作中针对旅客投诉的对策。

【名人名言】

人生就像弈棋，一步失误，全盘皆输。

——弗洛伊德

【案例导入】

在南京至北京的某一次航班上，原本只有几十名旅客，但由于另一架飞机发生机械故障，转过来一部分旅客，航班变为满客。转过来的旅客由于飞机延误已经等了几个小时，有抱怨情绪。其中，有二十几人在原来的飞机上坐的是头等舱和商务舱，但本架飞机头等舱已经满员，只好安排他们坐普通舱。乘务组也尽量把旅客安排到最理想的位置，当一切安排妥当后，飞机终于起飞了。

本想服务可以顺利开展了，却发生了一个小意外。当乘务员准备发水时，有一名旅客径直走到服务间并情绪激动地阻碍乘务员工作，乘务员立即报告乘务长并说明情况。乘务长马上赶到服务间询问情况，这位中年旅客见乘务长都来了，说话更大声了："你们是什么态度？我按了两次呼唤铃要毛毯，乘务员都没有给我。我要投诉你们！"

【想一想】

如果你是该名乘务长，你会怎么处理该投诉？

【绅士淑女有约】

在民航服务过程中存在着很多不确定因素，这些因素由多方面的原因构成。首先飞机本身是一个构造复杂而又精密的机器，稍微有任何一点小小的差错都有可能引发很严重的后果，同时天气和气候条件对飞机飞行的影响特别大，在整个飞行过程中随时都有可能出现突发情况。因此要求民航服务人员具备良好的职业素养和服务品质，而如何有效地应对旅客的投诉是作为空乘服务人员必须具备的技能之一。

一、旅客投诉的概念

旅客投诉是指旅客通过信函、电话、传真、来访等形式反映产品或服务质量问题的活动。空乘服务是民航运输服务的重要组成部分，它直接反映了航空公司的服务质量。在激烈的航空市场竞争中，空乘人员的服务态度和服务质量，对航空公司占领市场、赢得更多的回头客起着至关重要的作用。

【想一想】

在乘机出行中，你遇到什么样的情况会选择投诉？

二、旅客投诉的原因

图 2.3.1　航班延误

在整个飞行过程中，空乘人员的服务质量直接影响旅客最直观的服务体验，虽然存在少量投诉是旅客的某些原因造成的，但是如果空乘人员能够婉言解释，耐心开导，也可能化解矛盾。在由主观原因导致的投诉中，乘务人员服务意识淡薄，服务技能欠缺是主要原因，尤其体现在航班延误的应对上（见图 2.3.1）。在一般人看来，空乘人员的工作，无非是端端茶倒倒水，点个头问个好而已，没有多高的技术含量；也有人认为，空乘人员只要按照教科书上的规范程序操作就行了，旅客就无可挑剔。但事实并非如此，要想做到旅客满意并不是这么简单，往往你的一个表情、一个动作就可以遭到旅客投诉，旅客对于服务质量的要求越来越高。工作中，空乘人员面对不同类型的旅客，会遇到各种特殊情况，如航班延误时，要面对旅客的各种抱怨；在服务中，会遇到百般挑剔的旅客，甚至是无理取闹。"态度"是服务行业中的制胜法宝之一，对于民航运输业而言，也是非常重要的。富有亲和力的微笑是空乘人员态度的最好体现，给旅客一种宾至如归的服务体验，同时也树立了企业的良好形象和口碑。

■ 知识链接

　　王先生购买了某航空公司从无锡到北京的机票，到达登机口以后才被告知由于天气原因导致航班延误。当时飞机还没有从北京起飞，何时起飞无法确定，不愿意等的可以退票，王先生随即取出行李，立即打车来到无锡火车站，无奈当日去北京的火车票已经卖完了，只能改为第二天的行程。王先生随后进行了投诉，认为机场明知不能按时起飞，仍然照常办理安检手续，让消费者蒙在鼓里，使消费者失去第一时间更换交通工具的时机，侵害了消费者的知情权。

　　投诉可以发生在航班的任何阶段，在每个服务过程中我们都应该注重自己的服务质量，站在旅客的角度去思考问题，尽可能给予旅客最优质的服务。

▶ 三、在民航服务中应对旅客投诉的对策

1. 提高服务质量

　　民航服务人员是航空公司直接面对旅客服务的窗口，代表着航空公司的形象，是航空服务水平的重要体现（见图 2.3.2）。民航企业的客舱服务质量，直接影响民航企业的品牌形象和效益。因此，如何提高民航服务质量是每个航空公司都应认真思考的问题。要提升民航服务人员的个人素质，明确和加强服务规范是首要任务。

图 2.3.2　竭诚为旅客服务

2. 妥善解决旅客问题

　　（1）在民航服务工作中要做到遇事不慌，沉着稳重，当面对突发事件或问题时，要保持冷静，不要惊慌，迅速处理问题。

　　（2）要思维敏捷，善于运用沟通的技巧，在处理问题时恰当地使用幽默，这是沟通的润滑剂，以缓和局面的紧张和尴尬，使双方变得轻松愉快。

　　（3）培养自己的控制力和忍耐力，有条不紊地冷静处理突发事件。有时候与旅客之间的沟通交流并不需要太多语言，也许只是一个普通的眼神，一个简单的暗示，便可心领神会，这也是民航服务人员随机应变能力的一种体现。

　　（4）职业技能的掌握。在民航运输行业竞争如火如荼的今天，态度决定成败，微笑能够有效地化解很多矛盾，所以民航服务人员应该掌握正确微笑的原则，具体包括以下内容：

　　① 主动微笑原则，主动营造友好热情的气氛；

　　② 自然大方的微笑原则；

　　③ 眼中含笑的原则；

　　④ 真诚微笑的原则；

　　⑤ 健康微笑的原则；

　　⑥ 把握最佳时机和保持微笑的原则；

　　⑦ 一视同仁的原则，切莫以貌取人；

⑧ 天天微笑的原则，养成良好习惯。

微笑服务见图 2.3.3。

在服务中要善于运用沟通技巧。每个人都有自己各自的语言表达特点，一个人的成长环境也会影响其说话习惯，但作为一名民航服务人员，学会说话的艺术是每个人的必修课。不同的服务语言往往会得到不同的服务结果。一名民航服务人员针对不同旅客要掌握不同的说话技巧，如，对老年旅客、儿童旅客、特殊旅客、发脾气旅客、重要旅客、第

图 2.3.3 微笑服务

一次乘飞机旅客的说话技巧，以及在航班不正常时提供服务的说话技巧。在我们的服务中，往往因一句话而给我们的服务工作带来不同的结果。一句动听的语言，一次得体的服务会给航空公司带来无形的收获；而一句不得体的语言或是不合格的服务，有可能使我们遭到投诉，旅客可能不再乘坐本航空公司的航班，他／她可能还会将他／她的遭遇告诉其他旅客，给公司带来不良的影响。因此，作为一名合格的民航服务人员，掌握沟通的技巧至关重要。

3. 积极处理投诉事件

（1）快速高效地受理：航空公司需要对服务的时间、地点、服务对象、产生投诉的原因等这些服务环节进行分析，确定旅客最主要的关注点。旅客选乘航班是为了方便快捷，航班延误时间长成为投诉的原因之一；有的投诉的主要原因却来自于民航服务人员的服务质量，旅客因为没有得到贴心的服务，感觉得不偿失，并由此产生了怨气。飞机是一个特殊的代步工具，遇到飞机晚点或误点，首先要向旅客说明情况，口头致歉。道歉意味着对旅客投诉的肯定，也能使旅客深切感受到航空公司对他／她的理解。如遇到确实对旅客造成很大损失的情况下，光有口头致歉显然是不够的，这就需要我们迅速采取行动避免更大的损失。这是旅客迫切需要的。通过认真处理，尽可能减少服务过程中的不良行为给旅客造成的损失。航空公司对投诉的反应代表了对旅客的重视程度，迟钝的反应会加重旅客的不满，最后将增加处理工作的难度。

（2）处理方式的选择：不同的处理方式会产生不同的效果。处理时间拖得越长，处理的难度就越大，失败的处理会造成旅客对服务质量与投诉期望的背离。因此，产生投诉后，企业须采取强有力的处理措施，迅速果断地解决问题。

① 即时响应，真诚补救，贵在迅速。对旅客的不满或抱怨，一定要在第一时间作出反应，反应的时间越及时越有利于问题的解决。对旅客投诉的第一反应不是分析对错，也不是明确责任，目的只有一个——使旅客满意，防止旅客越级投诉。

② 坦诚相待。旅客投诉的目的之一是要求服务周到，希望民航服务人员满足他们的所有要求。如果他们的不满是由无法避免的因素引起的，旅客的要求就超出了民航服务人员的能力，那就需要向他们解释达不到要求的理由。切忌在服务已经出现失误的时候，还对旅客遮遮掩掩，隐瞒真相。一旦旅客发觉这种情况，会义无反顾地选择越级投诉。

③ 在处理投诉的过程中，要始终保持与旅客的良好沟通。在理解旅客的同时，力争使旅客也能理解服务的难处。民航服务人员要明确表示承担责任，不要把责任推到旅客身上。如果暗示旅客也有责任，只会使问题变得更糟。如果出现沟通障碍，则应在向旅客澄清误会的同时，检讨错误是由什么原因所致。即使责任在旅客一方，为了确保彼此沟通顺畅，民航

服务人员也要养成一个习惯，用自己的话再重复一遍旅客的要求，然后向旅客进行确认。

处理投诉是民航服务人员解决在服务过程中出现的问题，是航空公司不得已而为之的，工作是被动的。但如果反应迅速、处理得当，可以收到事半功倍的效果。因为旅客的投诉有时有助于航空公司制订新的整改措施，进一步提升服务品质，带给旅客更优质的服务。

思考与练习

1. 什么叫作旅客投诉？
2. 你认为导致旅客投诉的原因有哪些？
3. 如何正确应对旅客投诉？

第四节　电话礼仪

【学习目标】

1. 了解服务人员电话礼仪的重要性。
2. 掌握服务人员接打电话的技巧。

【名人名言】

做一个好听众，鼓励别人说说他们自己。

——戴尔·卡耐基

【案例导入】

小刘是某航空公司负责接听旅客投诉电话的业务员，在一次接听投诉中，她遇到了一位反应敏捷、语言表达能力很强的旅客。旅客清楚而霸气地陈述着自己在空中飞行时遇到的让其不满事件。小刘想，一定要赶紧跟旅客道歉，让旅客消气，所以，她趁旅客说话停顿的间隙，立刻开始道歉，尽力解释乘务员确实有一些原因导致服务不到位。当小刘解释完后，对方却更加不满，并不客气地回应"我对你的服务很不满意"，并立即挂断了电话。

【想一想】

1. 此案例中，小刘与客人沟通时出现了哪些问题？
2. 在日常生活与工作中，你知道哪些接打电话的礼仪规范？

【绅士淑女有约】

随着科学技术的发展和人们生活水平的提高，电话的普及率越来越高，人们离不开电话，每天要接打大量的电话。接打电话看起来很容易，其实大有讲究。

一、电话礼仪的重要性

俗话说："闻其声而知其人。"在日常工作中，电话被现代人公认为便利的通信工具，作为一名职场人士，良好的电话沟通形象可以体现你个人的专业素养、业务能力、文化素质、气质风度、礼仪修养以及所在公司的形象。因而，掌握正确的、礼貌的打电话方法是非常必要的。

二、拨打电话的礼仪要求

拨打电话的人是发话人，是主动的一方，而接听电话的一方是受话人，是被动的一方。因而在整个通话过程中，拨打电话的人起着支配作用，一定要积极塑造自己的完美形象（见图 2.4.1）。

在打电话时，必须把握住通话的时间、内容和分寸，使得通话时间适宜、内容精炼、表现有礼。

图 2.4.1　拨打电话

（一）时间适宜

把握好通话时机和通话长度，即能使通话更富有成效，显示通话人的干练，同时也显示了对通话对象的尊重。反之，如果莽撞地在受话人不便的时间通话，就会造成尴尬的局面，非常不利于双方关系的发展。如果把握不好通话时间，谈话过于冗长，也会引起对方的负面情绪。一般遵循以下几点要求：

（1）双方约定好时间。

（2）利用对方方便的时间。一般不在休息时间打扰，比如，上午 8:00 之前、晚上 10:00 以后，午休时间或用餐时间；拨打海外电话注意时差。

（3）坚持通话时间 3 分钟原则，换位想考，尽量不妨碍他人。

（二）内容精炼

打电话时忌讳通话内容不着要领、语言啰唆、思维混乱，这样很容易引起受话人的反感。通话内容精炼、简洁是对通话人的基本要求。

1. 预先准备

在拨打电话之前，对自己想要说的事情做到心中有数，尽量梳理出清晰的顺序，做到条理清晰。

2. 简洁明了

做好准备后，拨通电话，要确认对方身份和报上自己的姓名，并询问对方接听是否方便。如在方便的情况下，在通话时谈话充满条理性，会给受话人留下高素质的好印象。

3. 表现有礼

拨打电话的人在通话的过程中，始终要注意待人以礼，举止和语言都要得体大度，尊重通话的对象，并照顾到通话环境中其他人的感受。

电话礼貌用语主要有以下三种：

（1）问候语。

（2）介绍语：

①报本人全名；

②报本人所在单位；

③报本人所在单位＋全名；

④报本人所在单位＋全名＋职务。

（3）道别语。

电话礼貌用语见图2.4.2。

问候语	介绍语	道别语
·您好！	·我是×××，请问您是×××吗？	·再见！

图 2.4.2　电话礼貌用语

三、接电话的礼仪要求

接听电话的人虽然处于被动的位置，但是也不能在礼仪规范上有所松懈。拨打电话过来的人可能是你的上级，可能是合作方，也可能是对你很有帮助的友人，因此，受话人在接听电话时，要注意有礼和得体，不能随随便便。

（一）及时接听

电话铃声响起，要立即停下自己手头的事，尽快接听。不要等铃声响过很久之后，才接听或者让小孩子代接电话。一个人是否及时接听电话，也可从一个侧面反映出他待人接物的诚恳程度。

一般来说，在电话铃声响三声之内，拿起话筒比较合适。"铃声不过三声"是一个原则，也是一种体谅拨打电话的人的态度，而且如果铃声响起很久未接，拨打电话的人也许会以为没有人接而挂断电话。如果接电话不及时，要道歉，向对方说"抱歉，让您久等了"。

（二）谦和应对

在接电话时，首先要问候，然后自报家门，向对方说明自己是谁。向发话人问好，也有向发话人表示打来的电话有人接听的意思。自报家门是为了确认自己是否是发话人真正要通话的对象。

在私人住所接听电话时，为了安全起见，可以不必自报家门，或者只向对方确认一下电话号码来确定是否对方找对了人。即使对方错拨了电话，也不要勃然大怒，口出秽语，而要耐心解释。

在接听电话时，要聚精会神，认真领会对方的话，而不要心不在焉，甚至把话筒搁在一旁，任凭通话人"自言自语"而不顾。

（三）分清主次

其一，电话铃声一旦响起，接电话就成为最紧急的事情，其他事情都可以先放一边。接听电话时，不要再与旁人交谈或者看文件、吃东西、看电视、听广播等。即使是电话铃声响起的时候你忙着别的事，在接听电话时也不要向打电话来的人说电话来的不是时候。

其二，有时候确实有无法分身的情况，比如，自己正在会晤重要的客人或者在会议期间，不宜与来电话的人深谈，此时可以向来电话的人简单说明原因，表示歉意，并主动约一个具体的双方都方便的时间，由自己主动打电话过去。一般来说，在这种情况下，不应让对方再打过来一次，而应由自己主动打过去，尤其是在对方打长途电话的情形中。约好了下次通话的时间，就要遵守约定，按时打过去，并向对方再次表示歉意。

其三，如果在接听电话的时候，适逢另一个电话打了进来，切忌不要中断通话，而要向来电话的人说明原因，要他不要挂断电话，稍等片刻。去接另一个电话的时候，接通之后也要请对方稍候片刻或者请他过一会儿再打进来，或者自己过一会儿再打过去。等对方理解之后，再继续方才正接听的电话。

（四）接听姿态

接电话时还有很重要的一点，就是要保持端正的姿态与清晰明朗的声音。身体姿态的猥琐和懈怠往往能够通过声音传达出去，千万别以为对方看不见自己的行为。微笑着说话和板着脸讲话都是能从听筒中分辨出来的，你的声音也应清晰明朗，让对方听得清楚明白。

（五）代接电话

代接电话中帮别人做留言时，要确认一下信息的价值。看内容能否给予别人有效的信息和帮助（见图2.4.3）。

代接电话中需要了解以下信息：

（1）Who（何人）；

（2）Whom（找谁）；

（3）When（何时打的或内容涉及时间）；

（4）Where（何处）；

（5）What（何事）；

（6）How（如何做）；

（7）How Much（做多少）。

图 2.4.3　代接电话

简而言之，就是尽量将来电者的个人信息记录清楚，了解具体内容是否需要转达，或是询问对方是否需要回电及与之有关的时间、地点信息。

▶ 四、手机礼仪

（一）手机的摆放位置

在一切公共场合，手机在不使用时，都要放在合乎礼仪的常规位置，最好不要一直拿在手里或是挂在上衣口袋外。放手机的常规位置有：一是随身携带的公文包里，这种位置最正规。二是上衣的内袋里。也可以放在不起眼的地方，如手边、背后、手袋里，但不要放在前方的桌子上，特别是不要对着对面正在聊天的客人。

（二）手机的铃声选择

所谓"萝卜白菜，各有所爱"，设置个性化的彩铃本是无可厚非的事情，但在公共场所，尤其是相对

图 2.4.4　振动或静音模式

比较安静的办公场合，手机铃声的设置直接体现了使用者的公共意识程度。

在会议中和别人洽谈的时候，最好的方式还是把它关掉，否则的话，起码也要调到振动状态（见图2.4.4）。这样既显示出对别人的尊重，又不会打断发话者的思路。而那种在会场上铃声不断，给人业务很忙的印象，使大家的目光都转向你，则显示出你缺少修养。

（三）接电话的时机

不在公共场合、开车中、加油站、飞机上、剧场里、图书馆和医院里接打手机（见图2.4.5），就是在公交车上大声地接打电话也是不礼貌的。

每个人都希望别人以礼相待，有谁愿意同不懂得礼貌的人打交道呢？所以，在接听电话时，一定要注意应有的礼貌。

禁止接打电话

图 2.4.5　注意场合

■ 知识链接

关于电话的礼貌用语

（1）您好！这里是×××公司×××部（室），请问您找谁？

（2）我就是，请问您是哪一位？……请讲。

（3）请问您有什么事？（有什么能帮您？）

（4）您放心，我会尽力办好这件事。

（5）不用谢，这是我们应该做的。

（6）×××同志不在，我可以替您转告吗？（请您稍后再来电话好吗？）

（7）对不起，这类业务请您向×××部（室）咨询，他们的号码是……［×××同志不是这个电话号码，他（她）的电话号码是……］

（8）您打错号码了，我是×××公司×××部（室），……没关系。

（9）再见！（与以下各项通用）

（10）您好！请问您是×××单位吗？

（11）我是×××公司×××部（室）×××，请问怎样称呼您？

（12）请帮我找×××同志。

（13）对不起，我打错电话了。

（14）对不起，这个问题……请留下您的联系电话，我们会尽快给您答复好吗？

【实训练习与指导】

假设你是某高校的就业处处长，请打电话邀请某机场的刘经理下周二来校为同学们开展一次就业指导的讲座。

电话要点如下：

（1）询问对方是否有时间；

（2）询问对方是否愿意来校开展讲座；

（3）如刘经理不在，由秘书小王接听，应当怎样处理？

训练项目	训练目的	训练形式	评价方式
拨打电话要领及注意事项	通过训练掌握拨打电话的技巧	情景模拟	自评问题；教师点评
代接听电话	通过练习掌握代接他人电话的方法	情景模拟	自评问题；教师点评

注：在训练中注意表情、语言、仪态的正确运用。

思考与练习

1. 电话礼仪主要包括哪些内容？

2. 拨打电话的具体礼仪要求有哪些？

3. 拨打电话的三句文明语是什么？

4. 拨打电话的时间一般不超过几分钟为宜？

5. 接听电话的具体礼仪要求有哪些？

6. 代接电话的"5W2H"分别指代什么？

7. 手机礼仪应注意哪些方面？

模块三　见面礼节

第一节　介绍礼仪

【学习目标】

1. 了解介绍礼仪。
2. 理解自我介绍的方式。
3. 掌握他人介绍的原则和注意事项。

【名人名言】

礼仪的关键不在于一个人表现出来多好的修养，而在于是否使交往对象感到舒适与被尊重。只有在交往中让对方感到舒适与被尊重，你才可能得到最广泛的认同，从而获取更多的帮助。因此，交往礼仪的学问，实际上就是获得人生成功的学问。

——佚名

【案例导入】

小新是一位毕业于某名牌大学的毕业生，在毕业前去一家用人单位参加面试。用人单位让小新做一个简单的自我介绍。他为了让用人单位知道他所在大学的大学生是非常优秀的，因此他没有主要介绍自己的情况，而是以"本人毕业于某某大学"开头，把学校的情况讲得很仔细。最后，这家用人单位并没有录取小新。

【想一想】

1. 此案例中，是什么原因使小新没有被录取？
2. 面试中的自我介绍，应该以"介绍学校"为主还是以"介绍自己"为主？
3. 自我介绍的正确流程是什么？

【绅士淑女有约】

▶ 一、见面礼节的概念

见面是人与人之间交往的开始，这关键的第一步是给对方留下第一印象，在心理学上称之为"首因效应"，这对双方能否达成共识起着重要的作用。

所谓见面礼仪，是指在与他人见面的时候必须遵循的礼节规范和行为准则，随着社会的发展与对外交流的扩大，见面礼的形式也在不断发展。见面时的常用礼节有：介绍礼、握手礼、鞠躬礼、拥抱礼、吻礼、合十礼、拱手礼、点头礼、注目礼、问候致意等。

二、正确介绍的礼仪

在商务交往时，为了求生存和更好发展，也为了与他人增进了解，需要借助于介绍来实现。介绍不仅有助于在商务场合中广交朋友，打开局面，扩大社交圈子，还有利于在进行自我宣传的同时替自己在人际交往中消除误会，减少麻烦。

（一）介绍的方式

按照不同的分类标准，介绍有多种方式：按照社交场合不同来分，介绍分为正式介绍与非正式介绍；按照介绍主体来分，有自我介绍和他人介绍；按照被介绍的人数来分，有集体介绍和个别介绍；按照介绍者的地位来分，有重点介绍和一般介绍；此外，按照介绍对象的性质和介绍人采取的形式区分，有商业性介绍、社交性介绍和家庭成员介绍等。

（二）自我介绍

1. 自我介绍的时机

在社交活动中，如欲结识某个人或某些人，而又无人引见，如有可能，即可向对方自报家门，自己将自己介绍给对方。如果有介绍人在场，自我介绍则被视为不礼貌。如果对方正忙于工作或与他人进行交谈，则在此时做自我介绍有可能会打断对方，效果一定不会太好。如果发现对方心情欠佳或疲惫不堪，也不应上前打扰。如果对方正在一个人独处或正在得意之时，他对别人的自我介绍不仅会认真倾听，而且也会有良好的反应。

2. 自我介绍的方式

自我介绍在任何场合中都被看作是一种友善的行为，具体形式如下：

（1）工作式

适用于工作场合，包括本人姓名、供职单位及其部门、职务或从事的具体工作。例如，"您好，我叫×× ，是××大学的在校学生。"

（2）应酬式

适用于某些公共场合和一般性的社交场合，这种自我介绍最为简洁，往往只包括姓名一项内容即可。例如，"您好，我叫×× "或"您好，我是×× "。

（3）礼仪式

适用于演讲、报告、讲座、演出、庆典、仪式等一些正规而隆重的场合。它包括姓名、单位、职务等，同时还应加入一些适当的谦辞、敬辞。例如，"尊敬的各位来宾、各位领导，大家好！我是李明，是××集团的总经理。现在我代表我们公司热烈欢迎各位光临我们的开业仪式现场，谢谢大家的支持。"

（4）交流式

适用于社交活动中，希望与交往对象进一步交流和沟通。它包括介绍者的姓名、工作、籍贯、学历、兴趣及交往对象的某些熟人的关系。例如，"您好，我叫×× ，在××公司工作。这是我的同事，都是××人。"

（5）问答式

适用于应试、应聘和公务交往。对于问答式的自我介绍，应该是有问必答，问什么答什么。例如，问："女士，您好，请问怎么称呼您？"答："先生，您好，我叫××。"问："欢迎您来参加我公司的这次面试，首先请您介绍一下您的基本情况。"答："各位考官好，我叫××，今年22岁，是中共党员，毕业于××大学，在校期间曾获得××奖项和××专业技能等级证书。"

【案例分析】

这样介绍恰当吗？

情景一："这位是××公司的人力资源部李经理，他可是实权派，路子宽、朋友多，需要帮忙说话就是了。"

情景二："我给各位介绍一下，这小子是我的发小，做生意的，皮肤黝黑，我们都叫他'黑娃'。"

【想一想】

以上介绍存在什么问题？在商务场合中介绍的禁忌有哪些？

（三）他人介绍

他人介绍，是经第三者为彼此不相识的双方引见、介绍的一种介绍方式。他人介绍通常是双向的，即将被介绍者双方各自均作一番介绍。

1. 介绍的原则

在正式场合，介绍的原则有两条：一是个人或少数人优先被介绍给多数人，二是位尊者优先了解对方情况。在介绍中，先称呼谁的名字，谁就是尊者。故而在遵循介绍的次序将男性介绍给同龄女性时，应该先称呼女性的名字，可以这样做介绍："×× 女士，您好，请允许我为您介绍一下，这位是 × 先生。"

2. 他人介绍的时机

进行他人介绍的时机主要有四种：在办公地点接待彼此不相识的来访者时；在家中接待彼此不相识的客人时；打算推荐某人加入某一交际圈时，受到为他人作介绍的邀请时；接待对象遇见了不相识的人士，而双方都跟自己打了招呼时。

3. 介绍的次序

为宾、主充当介绍人，应按一定顺序进行介绍。具体而言，可以分为以下六种情况：

（1）先把地位低者介绍给地位高者，再把地位高者介绍给地位低者。这种介绍顺序适用于正式的介绍场合，特别是职业相同的人士之间。

（2）先把年轻人介绍给年长者，再把年长者介绍给年轻人。这种介绍顺序适用于同性之间，或者年龄差别较大的人士之间。

（3）先把男士介绍给女士，再把女士介绍给男士。这种介绍顺序适用于同年龄、同地位的人士之间。

（4）先把主人介绍给客人，再把客人介绍给主人。这种介绍顺序适用于来宾众多的场合。当主客身份、地位悬殊时可例外。

（5）先把未婚者介绍给已婚者，再把已婚者介绍给未婚者。值得注意的是，如果介绍人对双方的情况不够清楚，千万不要贸然行事，以免失礼。

（6）先把个人介绍给集体。当有新人加入集体时，在初次见面的时候，负责人可以采取这种介绍方式。

特别提示：在社交场合结识朋友时，可由第三者介绍，也可自我介绍相识。为他人介绍时，要先了解双方是否有结识的愿望，不要贸然行事。无论是自我介绍或为他人介绍，做法都要自然得体。例如，正在交谈的人中，有你所熟识的，便可趋前打招呼，这位熟人顺便将你介绍给其他客人。在这些场合亦可主动自我介绍，讲清姓名、身份、单位，对方则会随后自行介绍。为他人介绍时还可说明与自己的关系，便于新结识的人相互了解与信任。

在非正式场合，自我介绍要注意一些小细节。比如，甲和乙正在交谈，你想加入，而你们彼此又不认识，你就应该选择甲乙谈话出现停顿的时候再去自我介绍，并说一些："对不起，打扰一下，我是×××。""很抱歉，可以打扰一下吗？我是×××。""大家好，请允许我自己介绍一下……"之类的话。如果你参加一个集体性质的活动迟到了，你又想让大家对你有所了解，你就应该说："女士们，先生们，你们好！对不起，我来晚了，我是×××，是×××公司营销部经理，很高兴和大家在此见面。请多关照。"

（四）集体介绍

集体介绍实际上是他人介绍的一种特殊情况，是指被介绍的一方或者双方不止一人的情况。集体介绍时，介绍的先后顺序依然至关重要，具体来说有两种介绍形式。

单向式介绍：是指被介绍的双方有一方只有一个人，这时只需要将这个人介绍给多数人。见图3.1.1。

双向式介绍：是指被介绍的双方都是由多人组成的集体，这时就需要对双方作正式的介绍。在介绍之前应分清双方尊卑关系。介绍的方法是：先介绍位卑的一方，后介绍位尊的一方。在介绍各方人员时，按照由尊而卑的顺序依次进行。见图3.1.2。

图3.1.1　单向式介绍

图3.1.2　双向式介绍

（五）介绍的身体语言

作为介绍人，介绍具体人时，要有礼貌以手示意，而不要用手指指点点。正确做法是保持身体正立，站在被介绍人之间，手心向上，五指并拢，胳膊向外微伸，斜向被介绍者，向谁介绍，眼睛就要注视着谁。

（六）介绍的注意事项

第一，介绍者为被介绍者介绍之前，一定要征求一下被介绍双方的意见，切勿直接开口即讲，显得很唐突，让被介绍者感到措手不及。

第二，被介绍者在介绍者询问自己是否有意认识某人时，一般不应拒绝，而应欣然应允。如果实在不愿意，应向介绍者说明缘由，取得谅解。

第三，介绍人和被介绍人都应起立，以示尊重和礼貌；待介绍人介绍完毕后，被介绍双方应微笑点头示意或握手致意。

第四，在宴会、会议桌、谈判桌上，视情况，介绍人和被介绍人可不必起立，被介绍双方可点头微笑致意；如果被介绍双方相隔较远，中间又有障碍物，可举起右手，并点头微笑致意。

第五，介绍完毕后，被介绍者双方应依照合乎礼仪的顺序握手，并且彼此问候对方。问候语有"您好"、"很高兴认识您"、"久仰大名"、"幸会幸会"等，必要时还可以进一步做自我介绍。

■ 知识链接

国外一位心理学家提出自我介绍的六条准则，具体内容如下：

（1）必须镇定而充满自信。

（2）在交际中，如果你想认识某一个人，最好预先获得他的资料，如个人兴趣、性格、特长等，有了这些资料，在自我介绍后，便容易交谈，使关系进一步融洽。

（3）表示自己渴望结识，并感到是一种荣幸，如果你的态度热诚，同样会使对方报以热诚。

（4）在做自我介绍时，应该用眼神去表达自己的友善、关心及渴望沟通。

（5）在获取对方姓名后，不妨口头重复一次他的姓名，使他有自豪感和满足感。

（6）清晰地报出自己的名字和身份，一个含糊不清的自我介绍，会使人感到你不能把握自己，对方会对你有所保留，彼此之间的沟通便有障碍。

【实训练习与指导】

训练项目	训练目的	训练内容	训练形式	评价方式
介绍礼仪的训练	通过训练让学生掌握介绍礼仪的注意事项	介绍礼仪场景模拟	小组演练	小组互评；教师评价
介绍礼仪的流程	通过训练让学生加深对本节知识的印象	学生自己设定场景	情景模拟	组内评价；小组互评；教师评价

思考与练习

1. 多人介绍时的先后顺序及原则是什么？
2. 自我介绍的方式有哪些？
3. 介绍的时机有哪些？
4. 介绍的注意事项有哪些？

第二节 握手礼及其他见面礼仪

【学习目标】

1. 了解握手礼、点头礼、拥吻礼、拱手礼及合十礼。
2. 掌握握手礼的顺序和注意事项。

【名人名言】

握手，无言胜有言。有的人拒人千里，握着冷冰冰的手指，就像和凛冽的北风握手；有些人的手却充满阳光，握住使你感到温暖。

——海伦·凯勒

【案例导入】

王洪波是某单位的经理。有一天，他被邀请参加一场晚宴，此次晚宴规模巨大，聚集了职场上的成功人士。在宴会上，他被朋友介绍给一位女士，为了表示自己的友好，他先将手伸出去了，可是那位女士居然没有反应，还在与一旁的朋友说笑。王洪波觉得非常尴尬，觉得手不能再缩回去了，撑了大概二十多秒，那位女士还是不配合，后来他一着急说："蚊子！"转手去打莫须有的蚊子。这种场面让周围的人都不禁捏了把冷汗，王洪波也是满脸通红地离开了。

【想一想】

1. 此案例中，为何会出现令全场尴尬的局面？
2. 你知道握手礼的具体规范吗？

【绅士淑女有约】

▶ 一、握手礼的概念

握手是一种沟通思想、交流感情、增进友谊的重要方式。美国著名教育家海伦·凯勒曾这样描写自己与人握手的感受：我接触过的手虽然无言，却极有表现性。与有的人握手，能拒人千里……我握着冰冷冷的手，就像和凛冽的北风握手一样；而有些人的手却充满阳光，他们握住你的手，使你感到温暖……

（一）握手礼的起源

对于握手礼的起源，究竟是何时何人何地最先采用，已无法考证。据说，握手礼起源于"刀耕火种"的原始社会，当时人们经常在手中拿着用来防身和狩猎的主要武器——棍棒和石头。当人们在路上遇到陌生人时，如果双方都无恶意，就会放下手中的东西，伸开双手让对方抚摸掌心，以示友善。这种简单的做法逐渐演变成今天的"握手"礼节。

握手礼是交往中最常见的礼节之一，应掌握握手的次序、握手的姿势及握手的注意事项。

（二）握手的次序

人们在社交活动中会遇到身份、地位不对等的情况，因此，需注意握手的先后顺序。握手时讲究"尊者优先"的原则，即位尊的一方先伸手。具体有如下几种情况：

第一，长辈与晚辈之间握手应由长辈先伸手，晚辈迎握。

第二，男士与女士之间握手应由女士先伸手，男士迎握。

第三，上级和下级之间握手应由上级先伸手，下级迎握。

第四，已婚者和未婚者之间握手应由已婚者先伸手，未婚者迎握。

第五，主人与客人之间握手，分为两种情况：① 客人刚到时，应由主人先伸手，向客人表示欢迎，客人迎握；② 客人临走时，应由客人先伸手，向主人的热情招待表示感谢，主人迎握。

第六，参加聚会时先到者和后到者之间握手应由先到者先伸手，后到者迎握。

第七，若遇到若干人在一起时，应先贵宾、长者，后同事、晚辈；在同一社会层次中应先女后男。

（三）握手礼的基本规范

握手应当在介绍之后和相互问候之时进行，双方各自伸出右手，彼此之间保持一步左右的距离，手掌略向下方伸直，掌心向左，两人手掌平行相握，同时上身稍向前倾，头略低，目光注视对方，微笑致意，以示恭敬之意。见图 3.2.1。

图 3.2.1　男士与男士握手

（四）握手礼的场合

在商务场合中，握手礼的使用主要有：迎接客人到来时；送别客人时；久别重逢时；遇见熟人时；被相互介绍时；拜访告辞时；别人向自己祝贺、赠礼时；拜托别人帮助自己时；对别人表示理解、支持或安慰时；表示感谢、恭喜、祝贺时。

（五）握手礼的注意事项

握手礼不仅是表达感情、态度的一种方式，也是礼貌的外在表现，注意事项有以下几种：

（1）用右手握手。用左手握手属于失礼行为。

（2）握手时应避免东张西望，漫不经心，更不能心不在焉或与他人讲话。

（3）握手力度适中，不可过度用力，以免让对方产生疼痛之感。

（4）握手时间以 1~3 秒为宜，时间不能过长，尤其是异性之间握手，更应该注意。

（5）与人握手时，要在站立的状态下进行。

（6）只要对方伸出手，在任何情况下都不能拒绝与他人握手。

（7）多人握手时应按顺序进行，切忌交叉握手。

二、合十礼

合十礼又称合掌礼，即双手十指相合为礼，属于佛教礼节。是流行于泰国、缅甸、老挝、尼泊尔等佛教国家的见面拜礼，同时也是具有浓厚宗教色彩的礼节，在我国信仰佛教的地区使用也较为普遍。

其具体做法为：双掌十指在胸前相对合，十指并拢向上，指尖与鼻尖基本持平，上身前倾 30°~45°，双腿直立，头略低，神情安详、严肃。行合十礼时，

图 3.2.2　合十礼

应双眼注视对方，可以问候对方或口诵祝词。行礼时，合十的手掌举得越高，越体现对对方的尊重，但原则上不可高于额头。见图 3.2.2。

三、拱手礼

拱手礼是我国传统的见面礼，也称抱拳作揖。在古代将其称为长揖。一般传统节日团拜、过节、开会、祝贺、祝寿、向友人表示恭喜和感谢等场合多用此礼。

拱手礼的基本姿势及具体做法是：右手半握拳，左手在胸前扶住右手，双目注视对方的同时，将手向着对方轻轻摇动。若要向对方表示尊重，也可将相抱的双手向上抬，直到与额同高。一般情况下男子应右手握拳在内，左手在外，女子则正好相反；若为丧事行拱手礼，则男子为左手握拳在内，右手在外，女子则正好相反。

拱手礼始于上古，源于囚犯或奴隶，因为他们往往双手被铐，所以在向别人表示谢意或请求时只能以手合抱示意，久而久之便演变为尊重他人的肢体语言。

【想一想】

古代拱手礼和现代拱手礼的区别有哪些？

▶ 四、拥抱礼和亲吻礼

拥抱礼和亲吻礼是盛行于欧美的见面礼。

（一）拥抱礼

在西方，尤其是欧美国家，拥抱礼是十分常见的见面礼。拥抱礼还可以表示见面、慰问、祝贺以及热情友好等。同时它也是我国政府首脑外交场合中的见面礼节。

拥抱礼的基本做法是：两人相对而立，上身稍稍前倾，各自右臂偏上，左臂偏下，右手环拥对方左肩部位，左手环拥对方右腰部位，彼此头部及上身向右相互拥抱，最后再向左拥抱一次。拥抱时还可以用右手掌轻拍对方的左肩，以示亲热。不过施行这种见面礼时，必须了解对方的习俗。例如，在阿拉伯国家，男女之间是不能施行拥抱礼的，在非洲的部分国家也不能使用。

（二）亲吻礼

有关亲吻礼的起源，流传最广的说法是，古罗马时严禁妇女喝酒，男子外出归来，常常要检查一下妻子是否饮酒，便凑到她的嘴边吻一吻，嗅一嗅。这样沿袭下来，夫妇把嘴凑到一起的举动逐渐成为夫妇见面时的第一道礼节。后来，这种礼节逐渐普及，范围逐渐扩大，终于演化成今天的亲吻礼。施行亲吻礼时，往往伴有一定程度的拥抱，不同关系、不同身份的人，相互亲吻的部位不尽相同。在公共场合和社交场合，

图 3.2.3　亲吻礼

关系亲近的女子之间可以吻脸，男子之间是拥肩相抱，男女之间一般是贴面颊，晚辈对尊长是吻额头，男子对尊贵的女宾可以吻手指或手背。在许多国家的迎宾场合，宾主往往以握手、拥抱、左右吻脸、贴面颊的连续动作，表示最真诚的热情和敬意。见图 3.2.3。

■ 知识链接

欧洲人是非常注重礼仪的，他们不习惯与陌生人或初次交往的人行拥抱礼、亲吻礼、贴面礼等，所以与他们初次见面时以施行握手礼为宜。

【实训练习与指导】

训练项目	训练目的	训练内容	训练形式	评价方式
握手礼仪的训练	通过训练让学生掌握握手礼仪的注意事项	握手礼仪场景模拟	小组演练	小组互评；教师评价
鞠躬礼仪的练习	通过训练让学生加深对本节知识的印象	学生自己设定场景	情景模拟	组内评价；小组互评；教师评价

思考与练习

1. 握手礼仪的先后顺序及注意事项分别是什么？
2. 拱手礼、拥吻礼等的礼仪规范是什么？

第三节　名片礼仪

【学习目标】

1. 了解名片的递交方法。
2. 了解名片的分类。
3. 掌握名片的用途。

【名人名言】

在人与人的交往中，礼仪越周到越保险。

——托·卡莱尔

【案例导入】

某公司程经理约见一位重要的客户刘小姐。见面之后，客户刘小姐将自己的名片递上，程经理看完名片后将名片放在了桌子上，两人继续谈事。过了一会儿，程经理秘书将茶水端上桌，请两位饮用。程经理喝了一小口茶水之后，将茶水杯放在了刘小姐的名片上，刘小姐皱了皱眉头，并没有说什么。然而，程经理却没有感觉到不安。

【想一想】

此案例中，程经理有哪些失礼之处？

【绅士淑女有约】

一、名片的使用、分类和用途

在人际交往中，名片发挥着各种用途，使用名片有以下好处：一是方便自我介绍，这是名片的基本功能；二是便于结识新友，保持联系。名片的使用，可分为递交、接收和交换三个环节。

（一）名片递交的顺序

一般是地位低的人先向地位高者递交名片，年轻人先向长辈递交名片，男士先向女士递交名片，客人先向主人递交名片。见图3.3.1。

图 3.3.1　名片递交

（二）交换名片的方法

交换名片，宜在与人初识之时进行。在交换名片时，应起身站立，双手的大拇指和食指捏住名片下端，注意文字的正面正对对方，将名片递交于人，同时还应说，"请指教"或"多多关照"。若同时与多人交换名片要讲究顺序，或由近而远，或由尊而卑，不可跳跃进行。接受他人名片时，应毕恭毕敬，马上说一声"谢谢"，并要起立和双手接过。如有可能，则接过名片后，首先要从头至尾将它通读一遍，以示敬重之心。通常不宜向人索取名片。

（三）名片递交的注意事项

1. 递交名片

递交名片时要注意以下几点：

（1）在外出前将名片放在容易拿出的地方，以便需要时迅速掏出。一般男生可将名片放在西装上衣的内口袋里或公文包里，女士可将名片置于手提包内。

（2）递交名片要讲究场合。一般而言，商业性质的横向联系和交往、社交中的礼节性拜访以及表达情感的场所可以递交名片。

（3）掌握递交名片的时机。如果是初次见面，相互介绍之后可递上名片；若是比较熟识的朋友，可在告辞时递交。

（4）为表达对对方的尊敬，一般应双手递上名片，特别是下级递给上级、晚辈递给长辈，更应如此。

（5）递交名片时，应将名片的下方正对对方，以方便对方观看。

（6）递名片时动作要洒脱大方，态度要从容自然，表情要亲切谦恭，面带微笑，同时还要说些友好客气的话语。

2. 接受名片

接受名片者应双手接过名片，认真观看。如果是初识，不妨将名片上的重要内容读出，以表示对递交名片者的尊重，同时便于加深印象。看完名片后要郑重地将其放在名片夹里，并表示谢意。如果是暂放在桌子上，切忌在名片上放其他物品，也不可漫不经心地放置一旁，告别时千万不要忘记带走。

3.交换名片

交换名片体现了双方感情的沟通，表达了愿意友好交往下去的意愿。交换名片的礼节，主要体现在交换名片的顺序上。一般是职位低者、晚辈或客人先向职位高者、长辈或主人递上名片，然后再由后者予以回赠。若上级或长辈先递上名片，下级或晚辈也不必谦让，礼貌地用双手接过，道声"谢谢"，再予以回赠。

交换名片时，除了要注意交换时机外，还要注意索取名片的方法。

方法一：明示法，即向对方提议交换名片。比如，"老汪，好久不见了，我们交换一下名片吧，这样联系更方便。"

方法二：交易法，即主动递上自己的名片。比如，"高教授，非常高兴认识您，这是我的名片，高教授请多指教。"

方法三：谦恭法，即询问今后如何向对方请教。比如，"王老师，您的报告对我很有启发，希望有机会向您请教。"

方法四：索取联系方式法，即询问今后如何与对方联系。比如，"李小姐，不知以后与您怎样联系呢？"

【想一想】

当他人向你索要名片时，而你没有名片，怎样拒绝？

（四）名片的分类

名片的使用相当普遍，分类也比较多。根据名片的用途、内容及使用场合的不同，名片可以分为公务名片、社交名片和个人名片；根据排版方式的不同，名片可以分为横式名片、竖式名片和折叠名片；根据印刷面的不同，名片可以分为单面名片和双面名片。在不同的场合面对不同的交往对象时，应当使用不同的名片。

1.个人名片

个人名片是在朋友间交流感情和结交新朋友时使用的名片，主要特点是：名片设计可以个性化；不使用标志；可印刷个人照片、爱好、头衔和职业；内容可含有私人家庭信息。

2.公务名片

公务名片是政府或社会团体在对外交往中所使用的名片，主要特点为：印刷简单实用，常使用标志；注重个人头衔和职称，内容不含私人家庭信息。公务名片具体内容包括：公司电话、公司地址、移动电话、邮政编码、电子邮箱等。

3.单位名片

单位名片是一种商用名片，即为公司或企业开展业务活动时使用的名片。单位名片的主要内容包括：单位标志、注册商标、企业业务范围、联系方式等。名片内容不涉及私人家庭信息，可只注明移动电话。单位名片可以采用双面印刷，背面可注明经营范围和服务宗旨等。

4.社交名片

社交名片的主要内容包括个人联络方式和姓名。

（五）名片的用途

1.自我介绍

在商务场合初次会见他人时，以名片作辅助十分必要。它不但可以说明自己的身份，还能强化效果，给对方留下深刻的印象。

2. 代替便条

在去拜访他人时，如遇对方不在需要留话转达时，可在名片上写下事由，或一字不写，然后将名片留下托人转交。

3. 替代介绍信

当要介绍某人认识一个人时，可将本人（介绍人）名片（居上）和被介绍人名片（居下）用回形针固定在一起，然后装入信封，再交予希望认识的那个人。这是一封非常正规的介绍信，是会受到高度重视的。

4. 替代礼单

在商务场合向对方赠送礼品是经常发生的事，这时可将本人名片放入其中，或将名片装入一个不封口的信封中，再将信封固定在礼品外包装的上方。这种做法可以表明礼品是何人所赠。

■ 知识链接

名片的书写

名片书写的样式分为两种，即横式和竖式。

横式：行序由上而下，字序从左到右。第一行顶格书写持片人的单位名称。第二行是持片人的姓名，在名片正中用较大号字写上。有职务、职称或学衔的，通常用小字标在姓名右下侧。第三行是持片人的详细地址、电话号码和邮编。

竖式：行序从左到右，字序从上到下。第一列是持片人的单位名称，顶格写在名片右边。第二列是持片人的姓名，低两格用较大字号写在名片正中，持片人的职务、职称等用小字标在名字右下侧。第三列是持片人的详细地址及电话号码、邮政编码。

▶ 二、电子邀请函的定义和使用

（一）电子邀请函的概念

电子邀请函又称电子请柬、电子请帖、电子简帖，是单位、团体或个人邀请有关人员出席隆重的会议、典礼，参加某些重大活动时发出的礼仪性书信。它显示了邀请者对客人的尊重和邀请者的郑重态度，是大到国与国之间、小到人与人之间感情联系的纽带。它不仅表示礼貌庄重，也有凭证作用。

（二）电子邀请函的基本内容

凡精心安排、精心组织的大型活动与仪式，如宴会、舞会、纪念会、庆祝会、发布会、单位的开业仪式等等，只有采用礼仪活动邀请函邀请嘉宾，才会被人视为与之档次相称。礼仪活动电子邀请函有自己的基本内容、特点及排版上的一些要求。

礼仪活动电子邀请函的基本内容包括礼仪活动的背景、目的和名称，主办单位和组织机构，礼仪活动的内容和形式，参加对象，礼仪活动的时间、地点、联络方式以及其他需要说明的事项。内容根据实际情况填写。

（三）电子邀请函的特点

（1）迅速便捷。电子邀请函是以网络的形式送达至被邀请人的电子邮箱或手机 QQ、微信、彩信及其他通讯软件。让被邀请人能在第一时间收到邀请信息。

（2）语言简洁明了。电子邀请函语言简洁，言简意赅。

（3）感情真挚。电子邀请函要能够单纯地、充分地传递友好的感情信息，适宜于在特定的时间、场合，向邀请对象表达真诚的感情。

（4）适用面广。电子邀请函适用于国际交往及日常的各种社交活动中，而且适用于单位、企业、个人，范围非常广泛。

（四）电子邀请函的作用

主要是邀请者为了表达对被邀请者的尊重，同时也表明邀请者对此事的郑重态度和对对方的隆重邀请，但又由于距离原因无法及时快速送达，电子邀请函的快速便捷的作用就显得尤为突出了。这也使之成为人们常用的邀请方式之一。

（五）电子邀请函的制作

用微信请帖、MAKA 等制作软件制成电子文档的形式，通常情况是在首页编辑邀请人的姓名、照片、参加宴会或会议的时间、地点等。中间页面多以邀请人的照片及祝福展示。尾页编辑地图、电话等信息，并设有被邀请人姓名填写、祝福语、赴宴人数、导航至宴会地点等功能，非常环保。

制作电子邀请函有以下注意事项：

（1）向被邀请人表示一下简短的问候；

（2）说明请对方出席什么活动及邀请原因；

（3）交代活动的具体安排；

（4）如有必要，请对方确认能否参加；

（5）正文应写清楚活动时间、地点、内容、要求，并用"敬请参加"、"敬候光临"等语结束。

（六）电子邀请函的传送时间

电子邀请函的送达要适时，一般在活动开始一周前送达至宾朋手机微信、QQ、彩信等，太早或太晚均不适宜。这样客人们才有充裕的时间安排自己的行程，提早预订酒店和机票。

【实训练习与指导】

训练项目	训练目的	训练内容	训练形式	评价方式
名片礼仪的训练	通过训练让学生掌握名片礼仪的注意事项	名片礼仪场景模拟	小组演练	小组互评 教师评价
名片的递交顺序及电子邀请函的制作	通过训练让学生加深对本节知识的印象	学生自己设定场景	情景模拟	组内评价 小组互评 教师评价

思考与练习

1. 名片礼仪递交的先后顺序是什么?
2. 名片的分类及注意事项分别有哪些?
3. 名片的用途有哪些?

第四节 馈赠礼仪

【学习目标】

1. 了解馈赠礼仪的禁忌。
2. 了解馈赠礼仪的时机。

【名人名言】

赠人玫瑰,手留余香。

——谚语

【案例导入】

林欣和李明在同一个公司工作,两人是好朋友。林欣邀请李明参加自己的婚礼,为了表达心意,李明想要送林欣一份特别的礼物。思来想去,李明觉得送鲜花既时尚又浪漫,比较合适,于是他想到送红玫瑰,以表示对新婚夫妇甜蜜爱情的祝福。这天,李明捧着一大束红玫瑰参加婚礼,可当他将花束递给林欣时,林欣的表情发生了急剧变化,迟疑地不肯去接鲜花,林欣的新婚丈夫则脸色难看,令李明十分难堪。这件事引起了林欣丈夫的误解,破坏了他们新婚甜蜜的气氛,林欣做了多番解释,才消除了丈夫的误会。

【想一想】

此案例中,林欣夫妇不悦的原因是什么?

【绅士淑女有约】

一、馈赠礼仪

赠送礼品要注意时机,一般可以在以下情况赠送礼品:交往对象结婚、生育时;交往对象升学、晋级、乔迁、出国、事业取得成功时;交往对象过生日、过节日时;受到他人关心、照顾、慰问、鼓励、帮助时。

在馈赠礼品时要注意礼品的轻重要得当,所送礼品要具有一定的意义,要能体现特色而又不增加受礼者的心理负担。特别是对上级、同事要尤其注意,礼品太过贵重会产生贿赂之嫌。

（一）礼品馈赠

首先应明确赠礼的性质：是为乔迁新居、结婚仪式、生日庆典，还是因初次见面、逢年过节而赠礼，在选购和送出前都必须做到心中有数。

1. 礼品的选择

在商务场合赠送礼品时，礼品的种类和数量要根据亲疏关系、不同对象的情况以及自己的经济状况等而定。具体来说又有以下几种情况：对方家贫者，以实惠型礼品为佳；对方富裕者，以精巧型礼品为佳；对方是恋人、爱人，以纪念型礼品为佳；对方是朋友，以趣味型礼品为佳；对方是老人，以实用型礼品为佳；对方是外宾，以特色型礼品为佳。一般来说，赠送给西方人士的礼品可选择玉饰、蜡染或真丝服饰、景泰蓝、瓷器、绣品等。

商务场合中最能体现纪念意义的礼品有公司的主打产品、宣传画册、企业标志或建筑模型等。在重大活动中，以公司的名义正式向外界赠送礼品可以突出礼品的纪念性。

2. 馈赠的时机

赠送礼品要选择时机，一般应注意以下几种情况：在双方开始商业交谈之前或结束时赠送礼品，一般不在商业交易中赠送礼品；到对方工作之处或居所拜访时，应在见面之处把礼品赠送给对方；当自己以东道主身份接待来宾时，通常是在对方告辞之前向对方赠送礼品，或者选择在告别宴会上赠送或到其下榻处赠送都可以。

> ### ■ 知识链接
>
> 在日本，一般第一次见面时就送礼物，假如客人先送了礼物，他会觉得没有面子，因此可以让日本人先送礼物。
>
> 在挪威，赠送普通的礼物，如酒和巧克力，在第一次见面时是可以接受的。
>
> 在拉丁美洲，商务活动中一般不送礼物。
>
> 第一次到阿拉伯国家，一般不送礼物。

3. 赠礼的艺术

赠送礼品时，必须考虑对方的身份和地位。假如只赠送礼品给下属，而忽略老板，就会显得很失礼。假如只送一件礼品，就要送给职位最高的。假如不止一个人接受礼品，则礼品必须和级别对等，并且要在这些人全部在场时赠送。

在赠送礼品之前，必须把礼品包装起来，否则会被认为不讲礼仪，交往对象是日本人时尤其要注意。包装之前一定要除去礼品上的价格标签。

（二）送花礼仪和馈赠禁忌

在人际交往中，赠送鲜花是馈赠的一种特殊形式，而且是最受人们欢迎的一种馈赠方式。送鲜花既可以表达感情，又可以提升整个馈赠行为的品位和境界，所以在交际场合中赠送鲜花最容易获取成功，也是最保险的一种馈赠选择。

送花的形式可以以人来区分，也可以以花来区分。

1. 以人区分

根据送花人的不同，可以将送花的形式分为本人亲送、亲友转送、雇人代送等，可分别用于不同的情况和场合。

（1）本人亲送。此种方式是送花的基本形式。不但可以与受赠者一同分享当时的喜悦，而且还可以当面讲明自己送花的原因和含义。

（2）亲友转送。亲友转送鲜花，一般是因为赠送人不能到场而作出的一种选择。这种情况大多是属于不得已而为之。尽管这样，有时亲友转送也会有独特的好处。比如，代送鲜花的亲友可以将赠送的有关信息很细致、周详地向受赠者传递，其中也包括难言之事。

（3）雇人代送。雇人代送鲜花是用来刻意制造气氛的一种方式，在忙于工作难以分身时就可以委托花店代送鲜花。这种送花的方式正是现在最受欢迎的送花方式。

2. 以花区分

根据花的形态的不同，送花时可以选择束花、篮花、盆花、插花、花环、花圈等形式。需要注意的是，在绝大多数情况中，送人之花以鲜花为佳，尽可能地不要以干花送人，尤其是不要将凋谢、发蔫、衰败的花送人。

（1）束花。束花又称花束，是将树枝、鲜花捆扎成束，并加以修剪和包装而成。这是现在使用面最广、应用最多的一种送花形式。见图 3.4.1。

图 3.4.1　束花

（2）篮花。篮花又称为花篮，是在形状各异的精编草篮中，按一定的要求盛放一定数量的色彩艳丽的新鲜切花。赠送篮花比赠送束花显得更加隆重和高档，在开业、演出、祝寿等场合较为适宜。

（3）盆花。盆花是指栽种在花盆里用来观赏的花草。盆花可以是自己亲手种植的，也可以是特地买来的，在祝贺乔迁、登门拜访时最为适宜。见图 3.4.2。

图 3.4.2　盆花

（4）插花。插花是采用一定的技巧，通过修剪和认真搭配，将花插放在花瓶、花篮中。此花适用于装饰和布置会场、客厅、会议室等。

（5）花环。花环是采用鲜花切花编扎而成的一种送花形式，可以手持，也可以佩戴于头顶、手腕等位置。多用于迎送贵宾，有时也可赠予他人，受赠者通常是贵宾或友好人士。见图 3.4.3。

（6）花圈。花圈是指用鲜花扎成的固定的圆状祭奠物。通常用于悼念、缅怀逝者的场合，如扫墓、追悼会等。

3. 送花常识

品种：在我国人们喜爱黄菊，但千万不要将其送给西方人，因为在西方黄菊代表死亡，仅供丧葬时用。在我国人们喜爱荷花，可是在日本荷花也代表死亡。

图 3.4.3　花环

颜色：就花的颜色来说，一般情况下，红色表示热情，白色表示纯洁，金黄色表示富丽，绿色表示青春与朝气，蓝色表示欢乐、开朗与和平，紫色表示高贵。

数量：在我国，喜庆活动中送花要送双数，即"好事成双"；在丧葬仪式上送花要送单数，以免"祸不单行"。在西方国家，送人的鲜花一般是单数。

4.部分国家的国花

英国——玫瑰（月季）	荷兰——郁金香
土耳其——郁金香	伊朗——郁金香
新西兰——郁金香	匈牙利——郁金香
俄罗斯——向日葵	埃塞俄比亚——马蹄莲
日本——樱花	泰国——睡莲
埃及——睡莲	柬埔寨——睡莲
印度——荷花	菲律宾——茉莉花
尼泊尔——山杜鹃	缅甸——东亚兰
西班牙——石榴花	智利——百合花
美国——玫瑰	意大利——雏菊
新西兰——银蕨	希腊——橄榄花
巴西——毛蟹爪莲	加拿大——枫叶
阿拉伯——孔雀草	韩国——木槿花
土耳其——康乃馨	希腊——橄榄
德国——矢车菊	法国——鸢尾花（金百合花）
墨西哥——仙人掌	芬兰——铃兰
澳大利亚——金合欢花	新加坡——卓锦、万代兰
印度尼西亚——茉莉花	坦桑尼亚——丁香花
菲律宾——茉莉	巴基斯坦——茉莉
马来西亚——扶桑	阿联酋——孔雀草
波兰——三色堇	缅甸——龙船花
老挝——鸡蛋花	比利时——虞美人

5.常使用的花语

红玫瑰——优美	茶花——美丽
水仙——尊重	紫罗兰——诚实
红郁金香——宣布爱恋	黄郁金香——爱的绝望
黄康乃馨——轻蔑	条纹康乃馨——拒绝
红康乃馨——伤心	大丽花——不坚实
百合花——纯洁	杜鹃花——节制
四叶丁香——属于我	白丁香——念我
红丁香——勉励	鸡冠花——爱情
白桑——智慧	黑桑——生死与共
金钱花——天真	樱花——青春
香罗勒——祝愿	万寿菊——妒忌
红罂粟——安慰	僧鞋菊——保护
鸟不宿——慎重	紫藤——欢迎

柠檬——挚爱　　　　　菟丝——战胜困难

6. 部分国家的禁用图案

（1）国际上将三角形作为警惕性标记，故忌用三角形作为出口商标图案。

（2）格鲁吉亚、希腊、匈牙利忌用黑猫做图案。

（3）印度忌用弯月图案。

（4）印度尼西亚忌用乌龟和老鼠图案。

（5）日本不喜欢仙鹤和乌龟图案。

（6）科威特对印有老寿星或虫、鱼、鸟、兽之类的图案很忌讳。

（7）沙特阿拉伯不喜欢有熊猫、十字架和六角星图案的东西。

（8）苏丹忌用狗作为商标的图案。

（9）捷克普遍忌讳"红三角"图案。

（10）法国忌讳菊花、杜鹃花和黄色的花，忌用核桃树作为商标。

（11）意大利忌讳紫色、仕女像、十字架和菊花。

（12）西班牙忌讳大丽花和菊花。

（13）澳大利亚人不喜欢用袋鼠和树熊作为商标，也不喜欢兔子的图案。

（14）瑞士人不喜欢饰有猫头鹰图案的物品。

（15）英国人不喜欢有大象和孔雀的图案，忌用人物肖像作为图标。

（16）墨西哥忌讳蝙蝠图案和艺术造型。

（17）乌拉圭人不喜欢有菊花图案的商品。

（18）阿富汗忌用猪和狗作为图案。

（19）马达加斯加人忌讳猫头鹰和蛇的图案。

（20）马来西亚忌用狗的图案。

（21）美国人忌用珍贵动物的头部作为商标图案，也不喜欢在商标图案中出现一般人不熟悉的古代神话。

7. 我国内地的一些馈赠禁忌

在我国，看望病人不能送盆花，因为盆花有根；看望老人不能送钟，因为"钟"与"终"谐音；友人之间忌送伞，因为"伞"与"散"谐音；乌龟虽长寿，却有"王八"的俗名，也不宜作为礼品相送。

8. 我国港澳台地区馈赠禁忌

在香港、台湾风俗中，丧事后要用毛巾送吊丧者，所以非丧事一定不能送毛巾；送剪刀会使对方有威胁之感，一般不能随便送剪刀；甜果是祭祖拜神专用之物，送人甜果会有不祥之感；港台话中"雨伞"同"给散"，若送雨伞会引起对方误解；台湾俗称"送扇无相见"，扇子也不能随便赠送；台湾的居丧之家习惯不蒸甜食，不裹粽子。此外，香港人青睐红木制作的小型棺材摆件，寓意为"升官发财"。

二、插花艺术

插花，是切取植物可供观赏的部位，以花为主要素材，以枝、叶、果实等为辅料，经过艺术加工与创造，重新配置而成的一种精美、富有诗情画意、能再现自然美的花卉艺术品。

（一）认识插花艺术

插花艺术是指以植物（花、叶、果、芽、根、茎、枝、皮）作为素材，配合将其稳固的器材，经过一定的技术处理（修剪、整枝、弯曲）和艺术加工（构思、造型、设色）等，重新装置成新的整体，以表现自然生态美和社会生活美的一门造型艺术和实用艺术。插花艺术具有以下特点。

1. 时间性强

由于花材不带根，所含有的水分、养分均有限，很容易枯萎。一般保鲜期少则 1~2 天，多则十天半个月，因此，插画作品供创作和欣赏的时间较短。

2. 随意性强

插花作品在花材和容器的选用方面都非常随意和广泛，可随陈设场合和创作需要灵活选用；作品的构思、造型可繁可简，可任由作者发挥；作品的陈设及更换上也都较灵活随意。

3. 装饰性强

插花作品，随环境变化而陈设，艺术感染力强，在装饰上具有画龙点睛的作用。

4. 充满生命活力

插花绝大多数以鲜活的植物材料为素材，将大自然的美景和生活中的美艺术地展现于人们面前，充满生命活力。

（二）插花的主要类别

1. 根据插花的用途划分

（1）礼仪插花

用于各种庆典仪式、迎来送往、婚丧嫁娶、探亲访友等社交礼仪活动中的插花叫作礼仪插花。

（2）艺术插花

用于美化、装饰环境或陈设在各种展览上供艺术欣赏的插花叫作艺术插花。

2. 根据花材的性质划分

（1）鲜花插花

指利用鲜花进行的插花。最具插花艺术的典型特点，既具有自然花材的形态之美，又充满了真实的生命活力，艺术感染力最强。

（2）干花插花

利用干花花材进行的插花。干花既不失植物自然形态之美，又可随意染色。作品完成后经久耐用，管理方便，且不受采光限制，暗光下也可用。

（3）人造花和混合花插花

所用花材为人工仿制的各种植物材料，有绢花、涤纶花、塑料花等多种材质，有仿真的，也有随意设计和着色的，种类繁多。

3. 根据艺术风格划分

（1）传统东方式插花

传统东方式插花以中国和日本为代表，以线条造型为主，注重自然典雅，构图活泼多变，讲究情趣和意境，重写意，用色淡雅，插花用材多以木本花材为主，不求量多色重，但求韵致与雅趣。

（2）传统西方式插花

传统西方式插花以美国、法国和荷兰等欧美国家为代表。其特点是色彩浓烈，以几何图形构图，讲究对称和平衡，注重整体的色块艺术效果，富于装饰性。用材多以草本花材为主，花朵丰腴，色彩鲜艳，用花较多。

（3）现代式插花

现代式插花糅合了东西方插花艺术的特点，既有优美的线条，也有明快艳丽的色彩和较为规则的图案，更渗入了现代人的意识，追求变异，不受拘束，自由发挥，追求造型美，既具有装饰性，也有一些抽象的意念。

（三）插花艺术的基础知识

1. 插花艺术的创作步骤

（1）立意

确定我们所要创作的主题，才能有目的、有针对性地进行创作。

（2）选材

根据确定的主题，选择创作所需的造型、花材和适当的花器。

（3）造型

花型是我们构思的具体的艺术形象，确定了造型，就可以运用裁、弯、插、折等基本技能，把花材的形态具体展现出来。

（4）命名

可以加强和烘托出主题，使作品更具有诗情画意和艺术魅力。

2. 插花艺术的造型

在插花创作时，造型取决于它的题材、意蕴、花材、花器以及插花所处的环境，或者创作者的喜好和兴趣等诸方面因素。目前根据所要表现的目的不同，分为两种形式。

（1）西方式插花

西方式插花以装饰礼仪、美化环境、烘托气氛为主。目前常见的西方式插花造型有对称构图的球形、半球形、扇形、椭圆形、金字塔形、倒 T 形，以及不对称的 L 形、三角形、S 形和星月形等，其中以 S 形为常见。三角形插花造型见图 3.4.4。

图 3.4.4　三角形插花造型

（2）东方式插花

东方式插花以借花寓意、抒发情感、表达思想为主。目前常见的东方式插花造型有直立式、悬挂式、倾斜式和平卧式四种。

① 直立式花形

直立式花形是主枝近乎直立插入的花形。它是以第一主枝基本呈直立状为基准的，其他插入的花卉稍倾斜，但都是呈自然向上的势头，趋势也保持向着一个地方。整体层次分明，高低错落有致，整个作品挺直端庄、神展舒张，充满了蒸蒸向上

图 3.4.5　直立式花形

的生命力。见图 3.4.5。

② 倾斜式花形

倾斜式花形是主枝倾斜插在花器一侧的花形。插花时，主枝表现的位置是在垂直线左、右各 30° 之外，至水平线以下 30° 为止的两个 90° 的范围里，但应尽可能地避开与花器口水平线相交的位置，更忌讳三主枝插在同一水平层次上。这种样式的插花具有一定的自然生态，如同风雨过后那些被吹压弯曲的枝条，重新伸腰向上生长，蕴含着不屈不挠的顽强精神。见图 3.4.6。

③ 悬崖式花形

悬崖式花形是主枝从花器口悬挂下垂的花形。插花时，第一主枝插入花器的位置，是由上向下弯曲在平行线以下 30° 外到 120° 范围里；第二、第三主枝的插入，主要是起稳定重心和完善作品的作用，插入的位置可以有所变化但同样需要保持趋势的一致性，不能各有所向。见图 3.4.7。

④ 平卧式花形

平卧式花形是主枝沿水平方向伸张横插的花形。一般是将第一主枝插在花器的一侧，第二主枝插在另一侧，第三主枝根据作品重心平衡情况插入。一般情况下，花枝在水平线上下各 15° 范围内进行变化。见图 3.4.8。

图 3.4.6　倾斜式花形

图 3.4.7　悬崖式花形

图 3.4.8　平卧式花形

3. 插花的色彩配置

每个人对色彩都有偏爱。虽然色彩本身没有任何感性的内容，但由于人们对大自然的联想，以及民族传统习惯等因素，人们对不同的色彩会产生不同的感情效果，因此研究插花构图中的色彩搭配问题，无疑对于插花制作非常重要。

插花色彩的配置，主要从以下三个方面进行研究。

（1）花卉与花卉之间的色彩关系

了解色彩的性质与特点，通过采用单纯色、对比色和类似色等手法来实现色彩的和谐。比如，鲜花在绿叶的衬托下更显娇艳。又如，珊瑚树枝配白色的马蹄莲，颜色并不华丽却显得素雅大方。

（2）花卉与容器之间的色彩关系

花卉与容器之间要求协调，并非要求一致。容器的选用得当，可以对花材组合起到陪衬与烘托的作用，因此容器的颜色不应太过鲜艳华丽，以免喧宾夺主。例如，素朴的细花瓷瓶可配淡雅的菊花等。

（3）插花与季节、环境的色彩关系

一般情况下，环境的色彩较深，插花应选择淡雅的色彩；环境的色彩简单明亮，插花色彩可以用得鲜艳浓郁一些。夏天插花的色彩要求清逸素雅、明净轻快，适当选用一些冷色调的花，给人清凉之感；寒冷的环境，应以暖色调为主，选择色彩浓郁的花卉，给人生机勃勃之感。

4. 插花的固定技巧

插花过程中，常常遇到花枝不能很好固定的问题，最常用的解决方法如下几种。

（1）附枝固定法

有部分花枝过短，也有花梗细弱的，如非洲菊、康乃馨等花，难以固定在花插座上，对此可以采取固枝的方法加以固定。方法是：取一木条用透明胶缠在花枝上，截取适当的长度，把带木条的花枝插入花插座就不易倒伏。

（2）折枝固定法

有些花卉枝条比较硬直，不易弯曲或有些花卉形态有些缺陷时，由于不宜用透明胶带缠绕，可采用折枝的方法处理。具体操作是：用双手握枝，两拇指抵于折口处，双手用力弯曲枝条，以不使其复位为止。

（四）东方插花艺术

东方插花艺术是以我国和日本两国为主体，我国是东方插花艺术的主要发源地。我国的插花艺术拥有悠久的历史，它可以追溯到 1500 年前的南北朝时期，当时以莲花供佛。唐宋以后，插花逐渐繁盛，从宫廷普及到了民间。到了明清时期，插花技艺进入鼎盛时期。其中，明朝人袁宏道著有《瓶史》一书，成为我国第一部详尽论述插花艺术的专著，也是世界上同类论著中较早的且完整的、不可多得的典籍，推动了世界插花艺术的发展。

我国插花源远流长，其发展主要经历了四个阶段，分别是佛教插花、宫廷插花、文人插花和民间插花。这些插花对东方各国影响很大，尤其是日本，至今仍可寻见其踪迹。

我国和日本等国的东方式插花，崇尚自然，朴实秀雅，富含深刻的寓意。其特点如下：

第一，使用的鲜花不求繁多，只需插几枝便能起到画龙点睛的效果。

第二，形式是追求线条、构图的完美和变化，崇尚自然，简洁清新。

第三，插花用花朴素大方，清雅绝俗，一般只用两至三种花色，简洁明了。

（五）西方插花艺术

西方的插花是从古埃及开始的，在金字塔内，法老与干燥的花瓣共室同眠，使人联想到古埃及人对花卉的爱意。到了古希腊时代，欧洲进入文明时期，这时人常用植物制成花环和插在花瓶里作为装饰品。随着罗马的兴起，插花有了更深厚的土壤，当时人们习惯用花瓣来装饰环境。随后教会垄断了社会的文化艺术，插花也染上宗教的色彩。到了 14 世纪，欧洲的文艺复兴运动蓬勃兴起，冲破了思想的禁锢，插花图案除了有装饰效果之外，还富有几何形体的表现，这为以后西方的插花形式奠定了基础。

西洋式插花分为两大流派：形式插花和非形式插花。形式插花（传统插花）讲究花卉排列和线条；非形式插花（自由插花）崇尚自然，不讲形式，配合现代设计，强调色彩，适合日常家居摆设。

西方风格的插花，注重色彩的渲染，强调装饰的丰茂，布置形式多为各种几何形体，表现为人工的艺术美和图案美。它的特点如下：

第一，用花数量比较大，有花木繁盛之感。

第二，注重几何构图形式，比较多的是讲究对称性的插法，有雍容华贵之态。

第三，色彩力求浓重艳丽，创造出热烈的气氛，具有豪华富贵之气。

■ 知识链接

在中东地区，最好不要给穆斯林送酒或猪肉制品。在印度，不要送牛皮制品，因为印度教认为牛是神圣的。

在法国、德国、澳大利亚和瑞士，红玫瑰只能送给情人。在意大利、法国和比利时，菊花只用于葬礼。在德国，送黄色和白色菊花也是错误的行为。在巴西，紫色菊花象征死亡。虽然送花在许多国家都很流行，但在埃及、日本，只有在求婚和葬礼的场合才送花。

思考与练习

1. 馈赠礼仪的时机有哪些？
2. 简述送花的常识。
3. 简述部分国家和地区馈赠的禁忌。
4. 插花的特点有哪些？

模块四　中西餐礼仪

第一节　中餐礼仪

【学习目标】

1. 了解中国菜的基础知识。
2. 掌握中餐服务礼仪。
3. 掌握餐具礼仪并能熟练使用餐具。

【名人名言】

礼仪是有教养的人的第二个太阳。

——赫拉克利特

【案例导入】

刚参加工作的小霍在公司聚会上为了让领导认识自己，主动端起酒杯向领导敬酒，在敬酒碰杯的时候，由于紧张用力过大，碰洒了酒杯中的酒，让领导很是尴尬。

【想一想】

1. 此案例中，领导为什么会尴尬？
2. 中餐礼仪当中敬酒的礼仪规范是什么？

【绅士淑女有约】

▶ 一、中国菜基础知识

（一）八大菜系

目前我国菜系分类甚多，大致有四大菜系、八大菜系、十大菜系等不同分类，其中比较有代表性的是八大菜系，分别是川、粤、湘、浙、闽、鲁、皖、苏。见表4-1-1。

表 4-1-1　八大菜系的主要特色

菜系	代表地	主要特点	特色传统名菜
川菜	以成都、重庆两地的风味为代表	①取材广泛性；②具有调味变化的多样性，享有"一菜一格，百菜百味"之誉；③具有众多菜式的适应性	宫保鸡丁、樟茶鸭子、麻婆豆腐、干烧岩鲤、鱼香肉丝、干煸牛肉丝、怪味鸡、毛肚火锅
鲁菜	以济南、济宁、胶东为代表	①爆、扒技法独特；②精于制汤；③烹制海鲜有独到之处	油爆双脆、糖醋黄河鲤鱼、九转大肠、炸蛎黄、德州扒鸡、清氽赤鳞鱼、奶汤鸡脯
苏菜	以南京、淮扬、苏锡（故苏）三地风味为代表	①南京菜口味平和，咸淡适宜，以鲜、香、酥、嫩著称，烹调方法以炖、焖、烤见长，用鸭制的菜肴久负盛名；②淮扬菜，在全国各大城市影响深远，以突出主料、注重火工、精于制汤、擅长瓜果雕刻、面点多而精巧等特点著称；③苏锡风味，菜品清新多姿，注重造型，口味略甜，白汁、清炖技法别具一格	金陵三叉、盐水鸭、三套鸭、扬州三头、水晶肴蹄、松鼠鳜鱼、虾仁锅巴、无锡排骨、大煮干丝
粤菜	主要由广州、潮州、东江三地风味构成	①用料广博奇异，这与地理环境、风俗习惯有关；②具有清鲜、嫩滑、脆爽的南方风味特色，这是与气候食俗、风尚相辅的；③兼收并蓄外地技法，历史上吸取北方菜、西式菜之长，为其所用	龙虎斗、片皮乳猪、冬瓜盅、蚝油牛肉、文昌鸡、东江盐焗鸡、烩蛇羹、开煲狗肉、明炉烧螺
闽菜	主要由福州、闽南、闽西三地风味构成	①福州菜清鲜淡爽，口味偏重甜、酸，讲究吊汤，常用红糟作配料；②闽南菜讲究调料，以甜辣著称；③闽西菜一般偏咸辣，常用山区特有的奇珍异品作为原料，具有山乡色彩	佛跳墙、太极明虾、淡糟炒鲜竹蛏、沙茶焖鸭块、七星丸、红糟鸡丁、鸡汤氽海蚌、菊花鱿鱼球
浙菜	主要由杭州、宁波、绍兴三地风味组成	浙江菜品种类繁多，菜式小巧玲珑，菜品鲜美滑嫩、脆软、清爽	龙井虾仁、西湖醋鱼、油焖春笋、干炸响铃、生爆鳝片、清汤越鸡、叫花鸡、赛蟹羹、虎跑素火腿
皖菜	由皖南、沿江和沿淮三地风味组成	安徽地处山区，水质"刮肠"，当地人又有喜欢饮茶的习惯，由此菜中多油脂。皖菜以烹制山珍而著称，重油、重色、重火功是其显著特点	无为熏鸭、腌鲜鳜鱼、火腿炖甲鱼、符离集烧鸡、奶汁肥王鱼、毛峰熏鲥鱼
湘菜	由湘江流域、洞庭湖区和湘西山区三地风味组成	湖南菜简称湘菜。湘菜地方特色浓厚，多辣味菜和熏、腊制品，菜肴及烹制上讲究原料入味，口味偏重辣酸	东安鸡、腊味合蒸、麻辣仔鸡、红煨鱼翅、吉首酸肉、红烧全狗、炒腊野鸭条、冰糖湘莲

知识链接

1.宫保鸡丁的来历

丁宝桢原籍贵州，清咸丰年间进士，曾任山东巡抚，后任四川总督。他一向很喜欢吃辣椒与猪肉、鸡肉爆炒的菜肴，据说在山东任职时，他就命家厨制作"酱爆鸡丁"等菜，很合胃口，但那时此菜还未出名。调任四川总督后，每遇宴客，他都让家厨用花生米、干辣椒和嫩鸡肉炒制鸡丁，肉嫩味美，很受客人欢迎。后来他由于成边御敌有功被朝廷封为"太子

图 4.1.1　宫保鸡丁

少保"，人称"丁宫保"，其家厨烹制的炒鸡丁，也被称为"宫保鸡丁"。见图4.1.1。

2. 佛跳墙的来历

相传有一个从小娇惯的女子，不会做菜。出嫁前因即将试厨发愁，母亲为女儿想尽了办法，最后把家藏之山珍海味都翻找出来，一一配制后用荷叶装成小包，反复叮嘱女儿各种原料的烹制方法。谁知这位新娘到了试厨前一天，慌乱中忘记各种烹调方法。她到了晚上才到厨房，把母亲包好的各种原料一包包解开，堆了一桌无从下手，正在无计可施之际，又听公婆要进厨房。新媳妇怕公婆挑剔，见桌边有个酒坛，匆忙中将所带的原料都装入坛内，随手用包原料的荷叶包住了坛口，又把这酒坛放在了火快灭了的灶上。想到明天要试厨，新媳妇生怕自己无法应付，就悄悄溜回了娘家。第二天，宾客都到了，却不见了新媳妇。公婆进厨房，发现灶上有个酒坛，还是热的。刚把盖掀开，就浓香四溢，宾客们闻到香味都齐声叫好，这就成了佛跳墙。见图4.1.2。

图 4.1.2　佛跳墙

（二）地方风味菜

除了以上八大菜系以外，还一些地方风味菜也别具特色，比较有名的地方风味菜见表4-1-2。

表 4-1-2　地方风味菜特色

菜系	代表地	主要特点	特色传统菜名
京菜	北京	烹制方法以烤、白煮等为主，口味以脆、酥、香、鲜为特色	北京烤鸭、涮羊肉、醋椒鸡、酱爆鸡丁
沪菜	上海	主要由本地菜和上海的外帮菜两部分组成，风味比较齐全，品种丰富是其特色	糟钵头、生煸草头、下巴甩水、鸡骨酱、肉丝黄豆汤
鄂菜	湖北	工艺精致，擅长烹、煨、炸、烧、炒，菜品汁浓芡亮，口鲜味醇，以烧烹淡水鱼鲜见长，调制禽畜野味娴熟，素馔吸收佛道两家精髓，小吃兼取南北之长	冬瓜鳖裙羹、清蒸武昌鱼、瓦罐鸡汤、红菜苔炒腊肉、鸡泥桃花鱼
秦菜	陕西	菜式上有典雅的官府菜、贵重的商贾菜、丰富的市肆菜、富有特色的少数民族菜	煨鱿鱼丝、带把肘子、葫芦鸡、手抓羊肉、白血海参

（三）少数民族菜

我国民族众多，因礼仪习俗、物产、环境不同，菜肴在选料及烹制方面都独具特色。这里介绍几个主要的少数民族风味菜，见表4-1-3。

表 4-1-3　少数民族菜特色

民族	饮食禁忌	特色菜/风味菜
回族菜	忌荤（猪、狗、驴等）、血生（未放尽余血或因枪击死亡而未放血的猎物）。水产品中忌用无鳞无腮的鱼、带壳的软体动物和蟹等	涮羊肉、汤爆肚仁、炸羊尾、烤羊肉

民族	饮食禁忌	特色菜/风味菜
朝鲜族菜	朝鲜族不喜欢吃鸭子、羊肉、肥猪肉等	冷面、狗肉汤、狗肉火锅、辣香汤、泡菜、烤牛肉
维吾尔族菜	禁食猪肉、血液、自死物和诵非安拉之名宰杀的动物	羊肉羹、烤全羊、烤羊肉串、手抓饭等
满族菜	满族禁食狗肉	白肉血肠，点心有萨其马
藏族菜	一般不吃马、驴、狗肉和鱼肉	手抓羊肉、青稞麦、酥油茶

■ 知识链接

涮羊肉的由来

传说"涮羊肉"起源于元代。七百多年前，元世祖忽必烈统帅大军南下远征，经过多年战斗，人困马乏，饥肠辘辘。忽必烈猛地想起家乡的菜肴——清炖羊肉，于是吩咐部下宰羊烧火。正当伙夫宰羊割肉时，探马突然气喘吁吁地飞奔进帐禀告，敌军大队人马追赶而来，据此仅有十里路。但饥饿难忍的忽必烈一心等着吃羊肉，他一面下令部队开拔，一面喊着："羊肉！羊肉！"

清炖羊肉当然等不及了，可生羊肉不能端上来让主帅吃，怎么办呢？厨师知道忽必烈性情暴躁，于是急中生智，飞快地切了一些薄肉，放在沸水里搅拌了几下，待肉色一变，迅速捞入碗中，撒上细盐、葱花和姜末，赶忙端给主帅。

忽必烈抓起肉片送进口中，接连吃了几碗之后，他挥手扔掉碗，翻身上马，率军迎敌，结果旗开得胜，生擒敌将。

在筹办庆功酒宴时，忽必烈特别点了战前吃的那道羊肉片。这回厨师精选了优质绵羊腿部的"大三叉"和"上脑"嫩肉，切成均匀的薄片，再配上麻酱、腐乳、辣椒、韭菜花等多种佐料，鲜嫩可口，将帅们吃后赞不绝口，忽必烈更是喜笑颜开。厨师忙上前说道："此菜尚无名称，请帅爷赐名。"忽必烈一边涮着羊肉片，一边笑着答道："我看就叫'涮羊肉'吧！"从此，"涮羊肉"成了宫廷佳肴，直到清朝光绪年间，"涮羊肉"才逐渐走向民间。见图4.1.3。

图4.1.3 涮羊肉

▶ 二、中餐上菜顺序

1. 开胃菜

中餐开胃菜通常是四种冷盘组成的大拼盘，有时种类可多达十种。最具代表性的是凉拌海蜇皮、皮蛋等。凉拌海蜇皮见图4.1.4。

2. 主菜

主菜的道数通常是四、六、八等偶数，因为中国人认为

图4.1.4 凉拌海蜇皮

偶数是吉数。在豪华的餐宴上，主菜有时多达十六道或三十二道，但普通餐宴是六道至十二道。这些菜肴是使用不同的材料，配合酸、甜、苦、辣、咸五味，以炸、蒸、煮、煎、烤、炒等各种烹调法搭配而成。其出菜顺序多以口味清淡和浓腻交互搭配，或干烧，或与汤类搭配。最后通常以汤作为结束。见图4.1.5。

图4.1.5　西湖醋鱼

3. 点心

指主菜结束后所供应的甜点，如馅饼、蛋糕、包子、杏仁豆腐等。最后则是水果。见图4.1.6。

图4.1.6　包子

三、中餐礼仪

（一）中餐席位排列技巧

1. 右高左低

当两人一同并排就座时，通常以右为上座，以左为下座。这是因为中餐上菜时多以顺时针方向为上菜方向，居右而坐者因而要比居左而坐者优先受到照顾。

2. 居中为尊

三人一同就座用餐时，居于中央者在位次上要高于在其两侧就座之人。这种位次排列方法叫作"居中为尊"。

3. 面门为上

倘若用餐时，有人面对正门而坐，有人背对正门而坐，依照礼仪惯例，则应以面对正门者为上座，以背对正门者为下座。这就是所谓的"面门为上"。

4. 观景为佳

在一些高档餐厅用餐时，在室内外往往有优美的景致或高雅的演出，可供用餐者观赏。此时，应以观赏角度最佳之处为上座，此即"观景为佳"。

5. 临墙为佳

在某些中低档餐馆用餐时，为了防止过往侍者和食客的干扰，通常以靠墙之位为上座，以靠过道之位为下座。这种席位排列被叫作"临墙为佳"。

6. 临台为上

宴会厅内若有专用的讲台时，应该以靠讲台的餐桌为主桌；如果没有专用讲台，有时候以背邻主要画幅的那张餐桌为主桌。

7. 各桌同向

如果是宴会场所，各桌子上的主宾位都要与主桌主位保持同一方向。

8. 以远为上

当桌子纵向排列时，以距离宴会厅正门的远近为准，距门越远，地位越高。

【想一想】

请同学们画出 10 人中餐宴会位次排列图，出席宴会的有主人、副主人、主宾、副主宾，主方陪同三人，客方陪同三人。

（二）餐具使用礼仪

1. 筷子使用禁忌

一忌敲筷。即在等待就餐时，不能坐在餐边，一手拿一根筷子随意敲打，或用筷子敲打碗盏或茶杯。

二忌掷筷。在餐前发放筷子时，要把筷子一双双理顺，然后轻轻地放在每个人的餐桌前；距离较远时，可以请人递过去，不能随手掷在桌上。

三忌叉筷。筷子不能一横一竖交叉摆放，不能一根是大头，一根是小头。筷子要摆放在碗的旁边，不能搁在碗上。

四忌插筷。在用餐中途因故需暂时离开时，要把筷子轻轻搁在桌子上或餐碟边，不能插在饭碗里。

五忌挥筷。在夹菜时，不能把筷子在菜盘里挥来挥去，上下乱翻，遇到别人也来夹菜时，要有意避让，谨防"筷子打架"。

六忌舞筷。在说话时，不要把筷子当作刀具，在餐桌上乱舞；也不要在请别人用菜时，把筷子戳到别人面前，这样做是失礼的行为。

2. 勺子

勺子的主要作用是舀取菜肴、食物。有时，用筷子取食时，也可以用勺子来辅助，尽量不要单用勺子去取菜。用勺子取食物时，不要过满，免得溢出来弄脏餐桌或自己的衣服。在舀取食物后，可以在原处"暂停"片刻，汤汁不会再往下流时，再移回来享用。

暂时不用勺子时，应放在自己的碟子上，不要把它直接放在餐桌上，或是让它在食物中"立正"。用勺子取食物后，要立即食用或放在自己碟子里，不要再把它倒回原处。而如果取用的食物太烫，不可用勺子舀来舀去，也不要用嘴对着吹，可以先放到自己的碗里等凉了再吃。不要把勺子塞到嘴里，或者反复吮吸、舔食。

3. 盘子

稍小点的盘子就是碟子，主要用来盛放食物，在使用方面和碗略有相同。盘子在餐桌上一般要保持原位，而且不要堆放在一起。

需要着重介绍的，是一种用途比较特殊的被称为"食碟"的盘子。食碟的主要作用，是用来暂放从公用的菜盘里取来享用的菜肴。用食碟时，一次不要取放过多的菜肴，否则看起来繁乱不堪。不要把多种菜肴堆放在一起，弄不好它们会相互"窜味"，不好看，也不好吃。不吃的残渣、骨、带刺的食物不要吐在地上、桌上，而应轻轻取放在食碟前端，放的时候不能直接从嘴里吐在食碟上，要用筷子夹放到碟子旁边。如果食碟放满了，可以请服务员更换。

4. 水杯

主要用来盛放清水、汽水、果汁、可乐等软饮料时使用。不要用它来盛酒，也不要倒扣水杯。另外，喝进嘴里的东西不能再吐回水杯。

5. 中餐用餐前的湿毛巾

餐厅比较讲究的话，餐前会为每位用餐者送上一块湿毛巾，它只能用来擦手。擦手后，应该放回盘子里，由服务员拿走。有时候，在正式宴会结束前，会再上一块湿毛巾。和前者不同的是，它只能用来擦嘴，却不能擦脸、抹汗。

6. 牙签

尽量不要当众剔牙。非剔不行时，用另一只手掩住口部，剔出来的东西，不要当众观赏或再次入口，也不要随手乱弹，随口乱吐。剔牙后，不要长时间叼着牙签，更不要用来扎取食物。

（三）敬酒的礼仪

酒文化是中餐文化中的重要组成部分，在餐桌上敬酒时要注意端起酒杯的时候右手扼杯，左手垫杯底，自己的杯子要永远低于别人。如果是领导，不要放太低。如果没有特殊人物在场，敬酒最好是从主宾位开始按顺时针方向敬酒，不要厚此薄彼。碰杯，敬酒，要有说辞。见图 4.1.7。

敬酒要注意时机，敬酒的时候要站起来，双手举杯。可以多人敬一人，决不可一人敬多人，除非你是长辈。敬别人，切不可比对方喝得少，才能体现出尊敬对方。多给长辈或朋友添酒，不要瞎给长辈代酒。

图 4.1.7　碰杯

■ 知识链接

碰杯的由来

传说古希腊人注意到这样一个事实，在举杯饮酒之时，人的五官都可以分享到酒的乐趣：鼻子能嗅到酒的香味，眼睛能看到酒的颜色，舌头能够辨别酒味，而只有耳朵被排除在这一享受之外。怎么办呢？希腊人想出一个办法，在喝酒之前，互相碰一下杯子，杯子发出的清脆的响声传到耳朵中。这样，耳朵就和其他器官一样，也能享受到喝酒的乐趣了。

（四）饮食禁忌

（1）宗教的饮食禁忌，一点儿也不能疏忽大意。例如，穆斯林通常不吃猪肉，并且不喝酒。国内的佛教徒少吃荤腥食品，它不仅指的是肉食，而且包括葱、蒜、韭菜、芥末等气味刺鼻的食物。一些信奉观音的佛教徒在饮食中尤其禁吃牛肉，这点在招待港澳台及海外华人同胞时尤要注意。

（2）出于健康的原因，对于某些食品，也有所禁忌。比如，心脏病、脑血管、脉硬化、高血压和中风后遗症的人，不适合吃狗肉；肝炎病人忌吃羊肉和甲鱼；胃肠炎、胃溃疡等消化系统疾病的人也不适合吃甲鱼；高血压、高胆固醇患者，要少喝鸡汤等。

（3）不同地区，人们的饮食偏好往往不同。对于这一点，在安排菜单时要兼顾。比如，湖南省份的人普遍喜欢吃辛辣食物，少吃甜食。英美国家的人通常不吃宠物、稀有动物、动物内脏、动物的头部和脚爪。另外，宴请外宾时，尽量少点生硬需啃食的菜肴，老外在用餐中不太会将咬到嘴中的食物再吐出来，这也需要顾及到。

（4）出于职业等多方面原因，在餐饮方面往往也有各自不同的特殊禁忌。例如，国家公务员在执行公务时不准吃请，在公务宴请时不准大吃大喝，不准超过国家规定的标准用餐，不准喝烈性酒。又如，驾驶员工作期间不得喝酒，要是忽略了这一点，还有可能使对方犯错误。

（五）用餐时的礼仪

（1）任何国家的餐饮，都有自己的传统习惯和寓意，中餐也不例外。比方说，过年少不了鱼，表示"年年有余"；和渔家、海员吃鱼的时候，忌讳把鱼翻身，因为那有"翻船"的意思。

（2）用餐的时候，不要吃得摇头摆脑，宽衣解带，满脸油汗，汁汤横流，响声大作。不但失态欠雅，而且还会败坏别人的食欲。可以劝别人多用一些，或是品尝某道菜肴，但不要不由分说，擅自做主，主动为别人夹菜、添饭。先不说这样做是不是卫生，但有时难免让人产生勉为其难的感觉。

（3）取菜的时候，不要左顾右盼，翻来覆去，在公用的菜盘内挑挑拣拣。要是夹起来又放回去，就显得缺乏教养。多人一桌用餐，取菜要注意相互礼让，依次而行，取用适量。不要好吃、多吃，争来抢去，而不考虑别人用过没有。够不到的菜，可以请人帮助，不要起身甚至离座去取。

（4）用餐期间，不要敲敲打打，比比划划。还要自觉做到不吸烟。用餐时，如果需要有清嗓子、擤鼻涕、吐痰等举动，尽早去洗手间解决。

（5）用餐的时候，不要当众修饰。比如，不要梳理头发、化妆补妆、宽衣解带、脱袜脱鞋等。如必要可以去化妆间或洗手间。用餐的时候不要离开座位，四处走动。如果有事要离开，也要先和旁边的人打个招呼，可以说声"失陪了"、"我有事先行一步"等，以免失礼。

思考与练习

1. 我国的八大菜系分别是哪些，主要代表菜有哪些？
2. 中餐上菜顺序是什么？
3. 中餐位次排列原则有哪些？
4. 中餐的用餐礼仪规范具体有哪些？

第二节　西餐礼仪

【学习目标】

1. 了解西方主要国家的菜点知识。
2. 掌握西餐餐具使用礼仪规范。
3. 掌握西餐用餐过程中的礼仪规范。

【名人名言】

在宴席上最让人开胃的就是主人的礼节。

——莎士比亚

【案例导入】

小王受邀到某高档西餐厅参加聚会，当天他穿着崭新的T恤，兴致勃勃地来到餐厅门口，服务员却不让其进入，小王很是不解。经过宴会主人的帮助，小王方才进入餐厅参加宴会。在进餐的过程中，小王将刀叉并排放在餐盘上和旁边朋友聊天，这时服务员过来准备撤走小王未吃完的牛排。小王很生气地说："我还没有吃完，你为什么给我撤走？"服务员很尴尬，不知所措。

【想一想】

1.此案例中，小王为什么被拒之门外？

2.此案例中，是什么原因导致服务员撤走小王的餐盘？

3.你知道西餐的用餐礼仪规范吗？

【绅士淑女有约】

一、西方菜点知识

因历史传统、自然条件、宗教信仰和社会制度不同，西方国家形成了不同的民俗习惯和生活方式，反映在饮食文化上则造就了各式各样的烹调技艺和菜式，其中比较有名的西方菜点见表4-2-1。

表 4-2-1　西方菜点特色

国家	特点	传统特色名菜
法国菜	选料广泛，并常用稀有名贵原料，还善用各种野味；口味偏淡；色彩喜欢原色、素色，不用不必要的装饰，追求高雅的氛围；汤、菜讲究原汁原味，不用有损于色、味、营养的辅助原料。酒类和香料是法国菜调味的两大要素	沙朗牛排、焗蜗牛、鹅肝酱、马赛鱼羹
意大利菜	烹饪上素以注重食物本质、原汁原味闻名，强调味道浓香，在烹调技法上以炒、煎、炸、红烩、红焖等方法著称	佛罗伦萨牛排、魔鬼鸡、炖羊肉、烤龙虾、意式蔬菜汤
美国菜	美式烹饪很注重营养，口味喜甜，善以水果配菜。美国人对色拉很喜欢，调料大多用色拉油、沙司和鲜奶油，口味很别致，对辣味一般不喜欢，喜欢油炸类食物、冷饮	感恩节火鸡、圣诞节玉米粥、华道夫色拉
俄罗斯菜	俄式菜总的特点是油大、味重，制作简单，各种肉类、野味要烹制到很熟才行	罗宋汤、黑鱼子酱、红烩牛肉

二、西餐上菜顺序

1. 开胃品

开胃品又称头盘，头盘可分为冷头盘和热头盘，味道以咸、酸为主，是西餐开餐的第一道菜，旨在开胃。常见的有烟熏鲈鱼、法国鹅肝酱、什锦冰水果等。见图4.2.1。

2. 汤

西餐汤的制作要求原汤、原味、原色。汤可分为冷汤类和热汤类，也可分为清汤类和浓汤类。罗宋汤、牛尾汤、意大利菜汤等通常是法国人喜欢的清汤，北欧人则喜欢浓汤。汤也有开胃作用，因此客人往往在汤与开胃品中二选一。见图 4.2.2。

图 4.2.1　法国鹅肝酱

图 4.2.2　罗宋汤

3. 副菜

鱼类菜肴一般作为西餐的第三道菜，也称为副菜。品种包括各种淡海水鱼类、贝类及软体动物类。因为鱼类等菜肴的肉质鲜嫩，比较容易消化，所以放在肉类菜肴的前面，叫法上也和肉类主菜有区别。西餐吃鱼类菜肴讲究使用专用的调味汁，品种有鞑靼汁、荷兰汁、酒店汁、白奶油汁、大主教汁、美国汁和水手鱼汁等。见图 4.2.3。

4. 主菜

主菜是西餐全套菜的灵魂，制作考究，既注重菜肴的色、香、味、形，又考虑菜肴的营养价值。主菜多以海鲜、生肉、羊肉和禽类为主要原料。有名的主菜有诺曼底鱼、蘑菇焗鳟鱼、西冷牛排、烤羊马鞍等。不同原料制作的主菜有不同的主菜汁与之相配。如配海鲜类菜肴的汁有奶酪汁、鞑靼汁等，配牛肉类菜肴的汁有诺曼底汁、胡椒汁等，配羊肉类菜肴的汁有薄荷汁、薄荷咖喱等，配禽类菜肴的汁有番茄汁。见图 4.2.4。

图 4.2.3　烟熏三文鱼

图 4.2.4　菲力牛排

图 4.2.5　沙拉

图 4.2.6　蛋糕

5. 沙拉

蔬菜类菜肴在西餐中称为沙拉。和主菜同时使用的沙拉，称为生蔬菜沙拉，一般用于生菜、西红柿、黄瓜、芦笋等制作。见图 4.2.5。

6. 甜点

甜点是西餐中的最后一道菜，分量最小，但造型美观。甜点有冷热之分，如冰淇淋、布丁和各种蛋糕等。有的客人喜欢在甜点前先吃奶酪，用奶酪配上黄油、面包、克力架、芹菜条、胡萝卜等。见图 4.2.6。

图 4.2.7　咖啡

7. 咖啡或红茶

上咖啡或红茶的同时应配以淡奶和糖。见图 4.2.7。

▶ 三、西餐与酒水的搭配

在西餐中，酒水与菜肴的搭配比较讲究，几乎每道菜都有与之搭配的一种酒。西餐宴会所用的酒水可以分为餐前酒、佐餐酒和餐后酒三种。食用头盘时一般选用干白葡萄酒、鸡尾酒、威士忌和香槟酒，但食用鱼子酱时应配伏特加酒。喝汤时一般不喝酒，如果需要喝酒则可配白葡萄酒或雪利酒。选择佐餐酒的一条重要原则是"红配红，白配白"，即红葡萄酒配红肉，白葡萄酒配白肉。红肉指的是猪肉、牛肉、羊肉，白肉指的是鱼肉、海鲜。甜品一般可与甜葡萄酒或加汽葡萄酒相配。香槟酒可与任何西菜搭配饮用。

▶ 四、西餐礼仪

（一）西餐的位次排列技巧

在西餐用餐时，人们常用的餐桌有圆桌、方桌和长桌。而最常见、最正规的西餐桌当属长桌了。西餐的位次排列，一般应依照一些约定俗成、人所共知的常规进行。了解了这些基本规则，就可以轻而易举地处理好位次排列问题。

1. 女士优先

在西餐礼仪里，女士处处受尊重。在排列用餐位次时，尤其是安排家宴时，主位一般应请女主人就座，而男主人则须退居第二主位。

2. 恭敬主宾

在西餐之中，主宾极受尊重。即使用餐的来宾之中有人在地位、身份、年纪方面高于主宾，但主宾仍是主人关注的中心。在排定位次时，应请男、女主宾分别紧挨着女主人和男主人就座，以便进一步受到照顾。

3. 以右为尊

在排定位次时，以右为尊依旧是基本原则。就某一特定位置而言，其右侧之位理应高于其左侧之位。例如，在排定位次时，应安排男主宾坐在女主人右侧，安排女主宾坐在男主人右侧。

4. 距离定位

一般来说，西餐桌上位次的尊卑，往往与其距离主位的远近密切相关。在通常情况下，距离主位较近的位置高于距离主位较远的位置。

5. 面门为上

面门为上，它所指的是，面对餐厅正门的位置，通常在序列上要高于背对餐厅正门的位置。

6. 交叉排列

用中餐时，用餐者可能经常与熟人，尤其是与恋人、配偶在一起就座。但在用西餐时，这种情景便不复存在了。正式一些的西餐宴会，一向被视为交际场合。所以在排列位次时，要遵守交叉排列的原则。依照这一原则，男女应当交叉排列，生人与熟人也应当交叉排列。因此，在一个用餐者的对面和两侧，往往是异性，而且还很有可能与其不熟悉。这样做，据说最大的好处，是每一位用餐者都可以因此而广交朋友。不过，这也要求用餐人数最好是双数，并且男女人数应当各半。见图4.2.8。

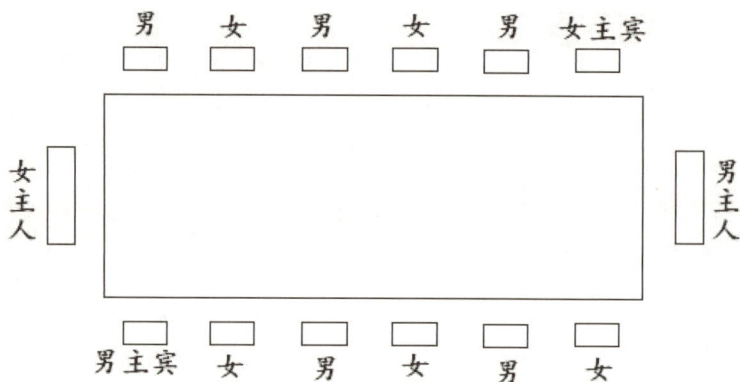

图 4.2.8　西餐位次排列图

【想一想】

如果是圆桌，西餐就餐的位次排列应该是怎样的呢？

（二）餐具使用礼仪

1. 刀叉的使用礼仪

使用刀叉进餐时，从外侧往内侧取用刀叉，要左手持叉，右手持刀。切东西时左手拿叉按住食物，右手执刀将其锯切成小块，然后用叉子送入口中。

图 4.2.9　暂停用餐刀叉摆放方法

使用刀时，刀刃不可向外。进餐中放下刀叉时，应摆成"八"字形，分别放在餐盘边上。刀刃朝向自身，表示还要继续吃。见图4.2.9。

每吃完一道菜，将刀叉并拢放在盘中。见图4.2.10。

如果是谈话，可以拿着刀叉，无须放下。不用刀时，也可以用右手持叉，但若需要用手势时，就应放下刀叉，千万不可手执刀叉在空中挥舞摇晃，不要一手拿刀或叉，而另一只手拿餐巾擦嘴；也不可一手拿酒杯，另一只手拿叉取菜。要记住，任何时候，都不可将刀叉的一端放在盘上，另一端放在桌上。

图 4.2.10　结束用餐刀叉摆放方法

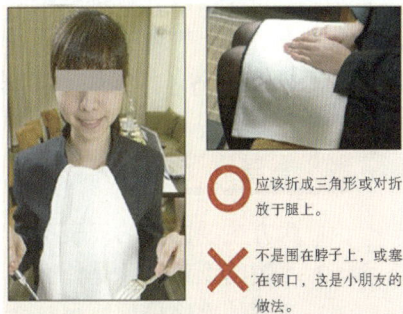

2. 餐巾的使用礼仪

入座后，不要急于打开你的餐巾，因为第一个打开餐巾布的人应该是女主人，她的这个动作宣布晚宴正式开始。餐巾布挂在胸前或围在脖子上，只适用于小孩或用餐不方便的人。一般人用餐时应将餐巾布平铺在双腿上，较大的餐巾布可以对折后铺在腿上。见图4.2.11。

应该折成三角形或对折放于腿上。

不是围在脖子上，或塞在领口，这是小朋友的做法。

图 4.2.11　餐巾布使用方法

餐巾布也叫口布（见图4.2.12），是用来擦嘴的，所以不要用它来擦脸或擦餐具。如果需要擦汗，你可以用纸巾。有些人习惯在用餐前先擦一下餐具，事实上这是很不礼貌的行为，所以一定要避免。有些女士会用餐巾布擦掉餐具上留下的口红痕迹，其实这种做法也是不对的。虽然口红留在餐具上很不雅观，但需要擦去口红印时，应该选用纸巾。

在用餐过程中，饮用酒水之前，你需要先用餐巾擦拭嘴边的油迹。除了必要时用来擦嘴之外，在餐桌上用餐的整个过程中你的餐巾应一直保持平铺在你的双腿上。

图 4.2.12　餐巾使用方法

用餐期间需要中途离席时，你应该把餐巾布放在你的椅子上。这表示用餐未完毕，你还会再回来继续用餐。

用餐完毕后，把你的餐巾布从中间拿起，放在桌子上，具体位置是你盘子左边的地方。只需要随意放好就可以了，不必特意折叠好，但也要注意不要把餐巾弄得皱巴巴的。

正如打开餐巾布一样，把餐巾布放回桌上的动作也是由女主人先做的，这表示晚宴结束。

（三）用餐时的礼仪

当全体客人面前都上了菜，主人示意后开始用餐，切不可自行用餐。用汤勺从里向外舀，喝汤时不要发出声响（见图4.2.13）。吃完汤菜时，

图 4.2.13　汤勺的使用方法

将汤匙留在汤盘（碗）中，匙把指向自己。面包要用手去取，不可用叉子去取，也不可用刀子去切，面包应用手掰着吃。吃鱼、肉等带刺或骨头的菜肴时，不要直接外吐，可用餐巾捂嘴轻轻吐在叉子上放入盘内。吃色拉时只能使用叉子。

用餐过程中，若需用手取食物，要在西餐桌上事先备好的水盂里洗手（沾湿双手拇指、食指和中指），然后用餐巾擦干，切不可将水盂中的水当成饮用水喝掉。最好避免在用餐时剔牙，若非剔不可，必须用手挡住嘴。当招待员依次为客人上菜时，一定要待招待员走到你左边时，才轮到你取菜，如果在你的右边，不可急着去取。吃水果不要整个咬着吃，应先切成小瓣，用叉子取食。若不慎将餐具掉在地上，可由服务员更换。若将油水或汤菜溅到邻座身上，应表示歉意，并由服务员协助擦干。喝咖啡时如愿意添加牛奶或糖，添加后要用小勺搅拌均匀，将小勺放在咖啡的垫碟上。喝咖啡时直接用嘴喝，不要用小勺一勺一勺地舀着喝。

无论是主人、陪客或宾客，都应与同桌的人交谈，特别是左右邻座。不要只同几个熟人或只同一两人说话。邻座如不相识，可先自我介绍。交谈时声音不要过大，不然可能会引起邻座的不满。交谈时切勿将刀叉对着对方，否则是对对方的不尊敬，造成对你的厌恶。

思考与练习

1. 西方主要国家的代表菜有哪些？
2. 西餐的上菜顺序是什么？
3. 西餐的次序排列原则是什么？
4. 西餐餐具使用礼仪规范有哪些？
5. 西餐用餐过程中的礼仪规范有哪些？

第三节 中西餐服务基本技能

【学习目标】

1. 熟悉中西餐摆台服务技能。
2. 熟练掌握托盘使用技能。
3. 掌握餐巾折花服务技能。

【名人名言】

礼仪是微妙的东西，它既是人类间交际不可或缺的，也是不可过于计较的。如果把礼仪看得高于一切，结果就会失去人与人真诚的信任。因此在语言交际中要善于找到一种分寸，使之既直爽又不失礼。这是最难又是最好的。

——培根

【案例导入】

　　某酒店的总经理正在接待几位来自西方国家的同行，宴会桌上餐具精致，水杯上插着造型各异的餐巾，在灯光下熠熠生辉。大家入座后，主宾看着餐巾微皱眉头，转过脸去招呼服务人员，示意给他换一块餐巾。

【想一想】

　　1. 试分析主宾为何要换餐巾？
　　2. 提供优质的服务，需要掌握哪些服务技能？

【绅士淑女有约】

一、托盘

（一）托盘的作用

　　托盘被服务员亲切地称为服务员的左手，它是服务人员运送各种东西的基本工具。正确有效地使用托盘，将减少搬运次数，减小服务员的劳动强度，提高服务质量和工作效率。它不仅体现出了服务工作的规范化，也显示出了服务人员的服务水平。

（二）托盘的操作方法

　　托盘的操作方法按其托运物品的重量不同，分为轻托和重托两种，这里主要介绍轻托的使用规范。

　　轻托也称为胸前托，是指托运比较轻的物品或用于上菜、斟酒，一般托运物品的重量在5千克以下。轻托方法一般在客人面前操作，因此操作的熟练程度、优雅程度及准确程度就显得十分重要。轻托还是评价服务人员服务水平高低的标准之一。这种托法适用于中、小型托盘，其操作方法如下所述。

1. 理盘

　　根据所托的物品选择好托盘，洗净擦干，在盘内垫上干净的湿垫布。垫布要用清水打湿拧干，铺平拉齐，这样既整洁美观，又可避免盘内物品滑动。

2. 装盘

　　根据物品的形状、体积和使用的先后顺序合理安排，以安全稳妥、便于托运、便于取用为原则。

■　知识链接

　　中、西餐服务均会用到托盘，但现代西餐服务中却不如中餐服务用得多，为什么呢？

　　答：这是由于西餐服务时更讲究在服务过程中服务人员服务技巧、个人风采的展现，许多操作动作都是徒手进行的，为了使服务更具观赏性，特别注重在少用服务器具的前提下，用灵巧的双手完成。

（三）托盘的技巧

托盘的主要技巧是把托盘拿平稳并在托运过程中随时保持托盘的平衡，因此为了使托盘平衡，托盘上各种物品的摆法便有了许多讲究。盘内的物品要摆放整齐，横竖成行。在几种物品同装时，一般是重物、高物放在托盘的里侧，轻物、较低的物品放在托盘的外侧；先上桌的物品放在托盘的上面、前面，后上桌的物品放在托盘的下面、后面。盘内物品的重量要分布均匀，装置安全稳妥，便于托运和进行有条件不紊的服务。

轻托一般用左手，左手向上弯曲，小臂垂直于左前胸，肘部离腰部约15厘米，掌心向上，五指分开，以大拇指指端到手掌的掌根部位和其余四指托住余下的部分，掌心仍留在原来所在的平面上；伸平左手和左肘，把整个托盘放在平肘上，用右手调整托盘上各种物件的位置，确保托盘安全平衡。

1. 端托盘

端托盘时要严格按照操作规范的要求去做，即使是端轻的、小的托盘也要认真对待，但如用大拇指按着盘边，以另外四指托盘底，是不符合端托盘的操作规范的，更是对宾客不礼貌的举动。标准托盘方法见图4.3.1。

图 4.3.1　标准托盘方法

2. 行走

在行走过程中要抬头挺胸，双目平视前方，微收下巴，右臂自然摆动，两肩需保持水平，步伐均匀适中，始终保持面带微笑，给人一种很干练很舒服的感觉。有些服务员在端托盘行走的过程中，歪着肩膀，眼睛始终盯着托盘上的酒水，一步一步地往前蹭着走，给人一种很吃力的感觉，让客人觉得托盘上的酒水是莫大的负担，也可能会怀疑服务员是否能真的将酒水端到自己面前，甚至想过去帮她一把。这也就是干过与没干过、水平高与水平低的差别，明眼人一下就能区分出来。也有许多管理者在招聘服务员的时候，用它来初步测试应聘者的工作技能，以防浑水摸鱼。

3. 卸盘

到达目的地后，应该把托盘小心地放到工作台上，千万不要在没有放好托盘之前就急于取出上面的东西，那样做容易造成不必要的麻烦。用轻托的方式给宾客斟酒时，要随时调节托盘的重心，勿使托盘翻掉而将酒水洒在宾客身上。随着托盘内物品的不断变化，重心也会变化，所以左手手指应该不断地移动，以掌握好托盘的重心。从托盘上取物时，要尽量从两边交替端下。卸下的盘碟要按装盘的要领，合理摆放在托盘内，碟内的剩余物品要集中放在一起。

▶ 二、餐巾折花

（一）餐巾的作用

（1）餐巾是一种供宾客在进餐过程中使用的、对卫生要求较高的布巾。宾客把餐巾衬在胸前或放在膝盖上，一方面可以用来擦嘴，另一方面也可以防止汤汁油污弄脏衣服，起到清洁卫生的作用。

（2）餐巾折花能装饰美化席面。通过服务人员灵巧的双手、精心的折叠，可把小小的餐巾折叠成栩栩如生的鱼、虫、鸟和形形色色的花卉植物以及惟妙惟肖的其他实物造型，摆在餐桌上可起到点缀美化席面的作用，能给酒席宴会增添热烈欢快的气氛，给宾客以美的享受。

（3）餐巾花还可以其无声的形象语言，表达和交流宾客之间的感情，起到独特的沟通作用。

（二）餐巾的种类、规格

餐巾按质地划分一般有纯棉制和混纺制两种，它们的实际用途各有所长。

餐巾的规格各地区不尽相同，实际使用中则以 51 厘米或 61 厘米见方的餐巾最适宜。餐巾的色彩可根据餐厅的颜色选用，力求与餐厅色彩和谐。酒店使用的台布和餐巾大多是用白色丝光提花布制成的，用这种白色餐巾折叠出的造型雅致漂亮。

■　知识链接

世界上最早在餐馆中开始使用餐巾是在古罗马时期，当时为了擦拭方便，去餐馆用餐的客人大多自带餐巾，餐馆老板觉得十分不便，就改为由餐馆向每位用餐者统一提供，并在使用中对餐巾的颜色、尺寸、质地等逐渐加以规范，发展到今天，则是在餐桌上把餐巾折叠成各种造型，使用餐者在用餐前便从餐巾上获得美的享受。

（三）餐巾花的种类

餐巾花的种类很多，凡能叠成一定的实物形状且具有一定的欣赏价值，又适用于酒席宴会场合的造型都可采用。现在已使用的餐巾花有 200 多种，常用的也有二三十种，大致上可分为花草类、飞禽类、蔬菜类、走兽类、昆虫类、鱼虾类和其他实物造型类。

将餐巾花插入水杯中的造型称为"杯花"，平放在果盘上的造型称为"盘花"。通常中餐使用杯花较多，西餐使用盘花较多。

餐巾折花的新趋势是美观大方，造型、叠法简单。出于卫生的考虑，当今中西餐均倾向于使用盘花。见图 4.3.2。

图 4.3.2　盘花

（四）餐巾折花基本手法

1. 折叠

折叠就是将餐巾一折为二、二折为四或者折成三角形、长方形等其他形状。折叠的要求是：要熟练基本造型，叠时要看准折缝线和角度一次叠成，避免反复，否则餐巾上就会留下一条条折痕，使餐巾不平整而影响到整体的美观。见图 4.3.3。

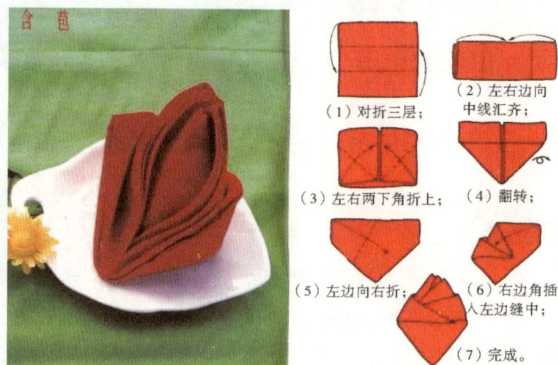

（1）对折三层；

（2）左右边向中线汇齐；

（3）左右两下角折上；

（4）翻转

（5）左边向右折；

（6）右边角插入左边缝中；

（7）完成。

图 4.3.3　盘花

2. 推折

推折就是将餐巾叠面折成褶裥的形状，使花型层次丰富、紧凑、美观。推折时，两大拇指相对成一线，指面向外，再用双手中指按住餐巾，并控制好下一个褶裥的距离，拇指、食指的指面握紧餐巾向前推折至中指处，用食指将推折的褶裥挡住，中指腾出去控制下一个褶裥的距离。推折时要求三个手指相互配合，每裥的高低、大小、宽度根据花型的不同需要而定。见图 4.3.4。

3. 翻拉

翻拉方式大都用于折花鸟。操作时，一手拿餐巾，一手将下垂的餐巾翻起一只角，翻拉花卉的叶子时，要注意对称的叶子大小一致，距离相等，不要出现软折。见图 4.3.5。

图 4.3.4　盘花

（1）四个角向中心汇齐；

（2）四个角再向中心汇齐；

（3）翻转

（4）四个角向中心汇齐；

（5）将底部四个角掀出来；

（6）将底部另四个角拉出来；

（7）调整成盆状，完成。

图 4.3.5　盘花的翻拉步骤

【实训练习与指导】

训练项目	训练目的	训练形式	评价方式
托盘使用	通过训练让学生掌握托盘的使用技巧	动手操作	小组比赛；教师评价
餐巾折叠	通过训练让学生掌握餐巾折叠方法	动手操作	小组比赛；教师评价

思考与练习

1. 托盘的使用技巧有哪些?
2. 简述餐巾的作用及折叠方法。
3. 简述中西餐摆台方法。
4. 简述签约仪式的流程。

第四节　酒的基础知识

【学习目标】

1. 了解酒的概念。
2. 掌握酒的分类。
3. 掌握国内外名酒知识。

【名人名言】

爱人者，人恒爱之；敬人者，人恒敬之。

——孟轲

【案例导入】

在一次同学会上，小李想到自己不胜酒力就选择喝果啤一类的饮料，他认为果啤只是饮料，应该不会醉人，所以不顾酒量和每一位同学畅饮。第二天，他醒来的时候，感觉头晕目眩，很是不舒服，才知道在聚会上喝醉了。

【想一想】

1. 果啤是酒吗?
2. 什么是酒? 什么是酒精度?
3. 酒的分类有哪些?

【绅士淑女有约】

一、酒的概念

酒是用高粱、小麦、葡萄、米等粮食或水果经过糖化发酵酿制的含有乙醇的饮料。在理解这个概念的时候要特别注意，我们日常生活中的很多饮料都含有酒精的成分，比如，"果汁"含有天然发酵产生的酒精，但是它却不能定义为"酒"。所以，界定是否是酒，除了是否含有酒精，还应该限定一下酒精含量。通常，我们说的"酒"指的是酒精含量超过 0.5% 的饮料。

二、酒精度

标准酒精度是法国著名化学家盖·吕萨克发明的，它是指在 20℃时，每 100 毫升酒液中含有多少毫升的纯酒精，通常用百分比来表示。比如，含酒精 42%VOL 的山西汾酒，指在 20℃时，100 毫升该汾酒中含有 42 毫升的纯酒精。食用白酒的浓度一般在 60°以下（少数有 60°以上），白酒经过分馏提纯至 75% 以上为医用酒精，提纯至 99.5% 以上为无水乙醇。

> ### ■ 知识链接
>
> 啤酒的度数并不表示乙醇的含量，而是表示啤酒生产原料，也就是麦芽汁的浓度，以 12°的啤酒为例，它意味着麦芽汁发酵前浸出物的浓度为 12%（重量比）。麦芽汁中的浸出物是多种成分的混合物，以麦芽糖为主。啤酒的酒精度是由麦芽糖转化而来的，因此，以 12°的啤酒为例，常见的浅色啤酒，其酒精含量为 3.3%~3.8%；浓色啤酒酒精含量则为 4%~5%。

三、酒的分类

现今世界各地酒的种类有数万种，酿酒所采用的原材料和酒的酒精含量也有很大差异，人们为了方便了解和记忆，于是就用不同的方法将它们分类，从传统和惯例而言，可以从以下几个方面对酒进行分类。

（一）按生产工艺进行划分

1. 发酵酒

发酵酒是指制酒原料经发酵后，并在一定容器内经过一定时间的窖藏而产生的含酒精饮品。这类酒品的酒精含量一般都不高，一般不超过百分之十几。发酵酒是指用谷物、果汁等为原料，经发酵而得的低度酒。酒精发酵是在无氧条件下，利用酵母菌或其他微生物将葡萄糖或果糖加以分解，产生酒精和二氧化碳等代谢产物，并释放少量能量的过程。不论是葡萄酒，还是烈酒，都需要利用发酵原理，将酿酒原料放置于密闭环境中，然后添加酵母将原料中的糖分转化为乙醇。这类酒主要包括啤酒、葡萄酒和果酒、黄酒以及清酒，这种类型的酒往往酒精度相对较低，含有相对较多的天然原料成分。

2. 蒸馏酒

蒸馏酒是将发酵而成的酒精溶液，利用酒精的沸点（78.5℃）和水的沸点（100℃）不同，将原发酵液加热至两者沸点之间，就可从中收集到高浓度的酒精和芳香成分。蒸馏酒的制造过程一般包括原材料的粉碎、发酵、蒸馏及陈酿四个过程，这类酒因经过蒸馏提纯，故酒精含量较高。按制酒原材料的不同，大约分为白酒（中国）、白兰地（法国）、威士忌、伏特加、龙舌兰、朗姆酒等。

3. 配制酒

配制酒是以酿造酒、蒸馏酒或食用酒精为酒基，加入各种天然或人造的原料，经特定的工艺处理后形成的具有特殊色、香、味、型的调配酒。比如，各类补酒、药酒以及鸡尾酒都是属于这类，这种类型的酒往往在色泽、风味或者功效方面独具特色。

【想一想】

你知道世界上有名的鸡尾酒有哪些吗？关于它们的传说你知道吗？

（二）按原材料进行划分

根据酿酒时采用的原材料不同，可以将酒分为以下三类。

1. 果酒

果酒是采用水果类作为原材料酿制的酒，如葡萄酒、梨子酒、苹果酒、香槟酒等。

2. 粮食酒

粮食酒是指采用粮食作为主要材料酿制的酒，如糯米酒、高粱酒、玉米酒等。

3. 代粮酒

代粮酒是用粮食和果类以外的原料，如含糖原料或者植物淀粉原料生产的酒，被称为代粮酒。例如，用薯干、蜂蜜等为原材料酿制的酒均为代粮酒。

（三）按酒精含量多少进行划分

按酒精含量多少将酒分为高度酒（也称烈性酒）、中度酒和低度酒三类。

1. 高度酒

高度酒是指酒精含量在40°以上的酒，如朗姆酒、茅台酒、白兰地、五粮液等。

2. 中度酒

中度酒是指酒精含量在20°~40°的酒，如配制酒、低度白酒等。

3. 低度酒

低度酒是指酒精含量在20°以下的酒，如黄酒、葡萄酒、啤酒等。

（四）按配餐方式进行划分

国外通常以配餐方式对酒进行分类。

1. 开胃酒

开胃酒也可称为配制酒，是以成品酒或食用酒作为原材料加入香料等浸泡而成。如茴香酒、比特酒、味美思酒等。

2. 佐餐酒

佐餐酒是指葡萄酒，分为红葡萄酒、白葡萄酒、玫瑰红葡萄酒。西方人就餐时一般只喝葡萄酒，不会选择其他酒类。

3. 餐后酒

用餐结束通常会选择有助于消化的酒，如白兰地、利口酒等。

（五）按酒的商品特性进行划分

在我国按商业习惯可以将酒分为：白酒、黄酒、果酒、啤酒和配制酒。

1. 白酒

白酒又叫烧酒，是各种含淀粉或糖分的原料、辅料、酒曲、酒母、水等，经过糖化发酵后，用蒸馏法制成的一般在40°~65°之间的浓度酒，40°以下的白酒为低度酒。我国的白酒按香型不同分为五种：第一是酱香型，以贵州茅台为代表，其特点是，酱香突出、幽雅细致、清澈透明、酒体醇厚、回味悠长、空杯留香、经久不散，四川的郎酒也是著名的酱香型白酒；第二是浓香型，以四川的泸州老窖为代表，其特点是，窖香浓郁、清冽甘爽、绵柔醇厚、香味协调、味净余长，五粮液是著名的浓香型白酒；第三是清香型，以山西汾酒（见图4.4.1）为代表，其特点是，清香纯正、口味协调、微甜绵长、余味爽净；第四是米香型，以广西桂林三花酒为代表，其特点是，蜜香清雅、入口柔绵、落口感冽、回味怡畅；第五是混香型，以陕西西凤酒为代表，其特点是，清澈透明、入口绵柔、醇香浓郁、余味悠长。

图 4.4.1　山西汾酒

■ 知识链接

贵州茅台酒，被誉为我国名酒之冠。说起来，它和山西汾酒还有一段"血缘"呢！

相传在清康熙年间，山西汾阳有一个商人，名叫贾富。贾富生活在汾酒之乡，饮酒成了他平生第一个嗜好，特别是汾酒，他更是把它看得像命一样的珍贵，一日三餐，餐餐不能少，就连外出收账，也要随身带着。

一年秋天，贾富带着家人伙计去南方经商。当他走到贵州怀仁县时，随身携带的汾酒已经喝完了，只好到附近酒店去喝烧酒。哪知这种烧酒一沾到唇边，贾富就觉得有一股辣味，喝到嘴里又苦又涩，很不是味道。贾富不觉感叹起来："咳，真扫兴，这样一个好地方，竟出不了好酒！"

不料，这句话被店老板听见了，店老板走上去说："客官口气未免也太大了，你怎知我们怀仁就没有好酒呢？"贾富一听，忙说："对不起，言语冒犯，请多见谅！不过，这种酒实在……"

"客官如果要品好酒，那也容易。"店老板说完，一招手，只见店小二"哼哧哼哧"一下子搬出了十几坛酒，摆在堂前。店老板说："请客官品尝品尝，再不要说我们怀仁无好酒了。"贾富一看，嚯！还真不少呢！后悔自己刚才失言了。他连忙站起身来，先把这些酒坛打量了一番，然后，由远而近地对着酒坛深深吸了几口气，接着，斟了一碗酒，饮了一点含在口中，喷了三喷，才把酒碗放下。

店老板一看贾富的举动，就知道他是个品酒的行家。为什么呢？这里有个名堂。贾富刚才这一看二吸三喷，用行家的语言来说，叫作"看色，闻香，品味"。非内行断不知其中奥妙。

店老板忙给贾富让座，并连连向他请教。贾富说："这些酒中只有一坛陈年酒还算马马虎虎，但回味也太差。"

店老板忙施礼说："不瞒客官说，这一坛陈年酒入窖已二十余年，除此之外，本店确实再无好酒了。"

贾富说："此地山清水秀，河水清澈，按理说应该酿出好酒来。"店老板说："所以特求客官赐教！"

贾富见他一番诚意，便欣然答应说："好，明年我一定来教你！"

果然，第二年金秋时节，贾富特地在山西杏花村用重金聘请了一位酿制汾酒的名师，带着酒药、工具，再一次来到贵州的怀仁县。他同名师一道察看地形，选择了一个四周长满芳草的芳草村（以后改为茅台镇）作为建场地址。

贾富和名师一起，按照汾酒的酿制方法，经过八蒸八煮，酿出的酒质液特别纯正，香气袭人，纯甜无比，非当地酒可比。这就是在茅台酿制的"山西汾酒"，那时叫作"华茅酒"。因为古代"华"、"花"相通，"华茅"就是"花茅"，也就是"杏花茅台"的意思。

2. 黄酒

黄酒是我国特有的一种酿造酒，它是以粳米、黍米、籼米、玉米等作为原材料，蒸熟后加入专门的酒曲，经糖化发酵后压制而成的一种饮料。在我国，黄酒除了可以作为饮料供人们饮用之外，同时也可以作为烹饪的调料和中药的辅料。酒精度一般在16°~20°。

黄酒的种类繁多，按其含糖量分为：甜型黄酒，含糖量在10%~20%之间；半甜型黄酒，含糖量在1%~8%之间；不甜型黄酒，含糖量在1%左右。

我国最为有名的黄酒是产自浙江绍兴的绍兴酒，其酿造的历史已有2400多年，是我国最古老的酒之一，绍兴酒属于不甜型黄酒。产自福建省龙岩的沉缸酒也是我国有名的黄酒，它属于甜型黄酒。

■ 知识链接

绍兴"女儿红"的来历

著名的绍兴"花雕酒"又名"女儿酒"。我国晋代上虞人稽含《南方草木状》记载，"女儿酒为旧时富家生女、嫁女必备之物"，说起这个名字，还有一个故事哩！从前，绍兴有个裁缝师傅，娶了妻子就想要儿子。一天，发现他的妻子怀孕了，他高兴极了，兴冲冲地赶回家去，酿了几坛酒，准备得子时款待亲朋好友。不料，他妻子生了个女儿。当时，社会上的人都重男轻女，裁缝师傅也不例外，他气恼万分，就将几坛酒埋在后院桂花树底下了。光阴似箭，女儿长大成人，生得聪明伶俐，居然把裁缝的手艺都学得非常精通，还习得一手好绣花，裁缝店的生意也因此越来越旺。裁缝一看，生个女儿还真不错嘛！于是决定把她嫁给了自己最得意的徒弟，高高兴兴地给女儿办婚事。成亲之日摆酒请客，裁缝师傅喝酒喝得很高兴，忽然想起了十几年前埋在桂花树底下的几坛酒，便挖出来请客，结果，一打开酒坛，香气扑鼻，色浓味醇，极为好喝。于是，大家就把这种酒叫作"女儿红"酒（见图4.4.2），又称"女儿酒"。

图 4.4.2　女儿红酒

此后，隔壁邻居，以及远远近近的人家生了女儿时，就酿酒埋藏，嫁女时就掘酒请客，并形成了风俗。后来，连生男孩子时，也依照着酿酒、埋酒这样的习俗，盼儿子中状元时庆贺饮用，所以，这酒又叫"状元红"。"女儿红"、"状元红"都是经过长期储藏的陈年老酒。这酒实在太香太好喝了，因此人们都把这种酒当名贵的礼品来赠送了。

3. 果酒

果酒是以葡萄、苹果等各种水果或者浆果作为原材料，经糖化发酵后压榨过滤的低度饮料。果酒按其含糖量的多少分为甜、半甜和干、半干。从含糖量来说，在 7% 以上的果酒为甜型果酒，在 2.5%~7% 之间的果酒为半甜型果酒；在 0.5%~2.5% 之间的果酒为半干型果酒，在 0.5% 以下的果酒为干型果酒。

在我国，比较有名的果酒有产自山东省烟台市张裕酿酒公司的烟台红葡萄酒（见图 4.4.3）和味美思酒。

图 4.4.3　葡萄酒

4. 啤酒

啤酒是用大麦芽和啤酒花作为主要原料，再加上水、淀粉、酵母等辅料，经发酵制成的一种富含二氧化碳的饮料。啤酒中含有丰富的氨基酸、维生素，每瓶啤酒相当于一瓶牛奶或者200克鸡蛋所产生的热量，所以啤酒又被誉为"液体面包"。见图 4.4.4。

啤酒的品种繁多，在我国，按照生产工艺的不同，啤酒可以分为熟啤、鲜啤、桶装纯生啤和作坊啤酒等。我国比较有名的啤酒有青岛啤酒、燕京啤酒、雪花啤酒等。

图 4.4.4　啤酒

5. 药酒

药酒是以白酒等作为酒基，加入中药材等原料制成的一种配制酒。药酒是一种具有较高滋补、营养和药用价值的酒精饮料。见图 4.4.5。

▶ 四、饮酒的原则

自古以来，对酒的评价褒贬不一。其实"物无美恶，过则为灾"，现代医学认为，少饮能增加唾液、胃液的分泌，促进肠胃的消化与吸收，增进血液循环，令人精神兴奋，食欲增加，还能强心提神，促进睡眠，消除疲劳。过量饮酒则有害于身体健康，甚至导致事故、暴力或者犯罪。喝酒要遵守"少则益、多则弊"的原则。

图 4.4.5　人参酒

思考与练习

1. 酒的概念是什么？
2. 酒的分类方法有哪些？
3. 我国白酒有哪些香型？

第五节 葡萄酒有关知识

【学习目标】

1. 了解葡萄酒的起源和历史。
2. 了解葡萄酒的营养价值。
3. 熟悉葡萄酒的分类。
4. 认识葡萄酒的酒精度。
5. 掌握葡萄酒的鉴别方法。
6. 掌握葡萄酒侍酒流程。

【名人名言】

谦恭有礼，人人欢迎。

——托马斯·福特

【案例导入】

小刘和朋友一起参加葡萄酒会，小刘兴致勃勃地用手掌握住酒杯，想在朋友面前炫耀一下，这时，对面走来一位专业的品鉴大师，对小刘说："先生，你这样会影响酒的口感。"这让小刘十分尴尬。

【想一想】

1. 此案例中，小刘的端杯方法为什么会影响酒的口感？
2. 你知道葡萄酒品鉴的注意事项吗？

【绅士淑女有约】

一、葡萄酒的起源

历史上，伊朗是最早种植葡萄的国家，已有7000多年的种植历史，而埃及则是世界上最早酿造葡萄酒的国家，距今也有6000多年的历史。3000多年前，种植和酿造葡萄酒在欧洲兴盛起来。在汉朝的时候，张骞出使西域就带回了葡萄和酿制葡萄酒的工匠，那时，我国就开始了葡萄栽培和葡萄酒的酿造。

葡萄酒是自然发酵的产物，在葡萄果粒成熟后落到了地上，表皮破裂，渗出的果汁与空气中的酵母菌接触后不久，最早的葡萄酒就产生了。葡萄酒的酿造过程便是我们的远祖在尝到自然的产物后，而去模仿大自然生物本能的结果。因此，从现代科学的观点来看，葡萄酒的起源经历了一个从自然产酒过渡到人工酿酒的过程。

■ 知识链接

关于葡萄酒的传说

从前，古波斯有一位国王，嗜爱吃葡萄，他将吃不完的葡萄藏在密封的罐子中，并写上"毒药"二字，以防他人偷吃。由于国王日理万机，很快便忘记了此事。国王身边有一位失宠的妃子，看到自己的爱情之花日渐枯萎，感觉生不如死，便欲寻短见，凑巧看到带有"毒药"二字的罐子。打开后，看到里面颜色古怪的液体也很像毒药，她便将这发酵的葡萄汁当毒药喝下。结果她没有死，反而有种陶醉的飘飘欲仙之感。多次"服毒"后，她反而容光焕发、面若桃花。她将此事呈报国王后，国王大为惊奇，一试之下果然如此。妃子再度受宠，找回了失去光泽的爱情。这个美丽的传说在当时广为传播，葡萄酒也因此出现并受到人们的喜爱。

▶ 二、葡萄酒的分类

葡萄酒的种类繁多，风格各异，但是葡萄酒的主要成分和生产工艺都大致相同，根据不同的标准可以将葡萄酒分为若干类别。

（一）按颜色分类

按葡萄酒的颜色可将其分为红葡萄酒、白葡萄酒、桃红葡萄酒三类。

1. 红葡萄酒

这类葡萄酒的颜色一般为深宝石红色、宝石红色、紫红色、深红色、棕红色等。它是采用皮红肉白或者皮肉皆红的葡萄带皮发酵酿制而成。红葡萄酒由于色泽喜庆，是最受人们喜爱的葡萄酒之一。

2. 白葡萄酒

这类葡萄酒的颜色主要有微黄带绿、浅黄色、金黄色或近似无色等。白葡萄酒采用白皮白肉或者红皮白肉经去皮发酵酿制而成。酒度12%，糖分1.5%以下，卫生指标符合国家规定，酒液呈果绿色，清澈透明，气味清爽，酒香浓郁，回味深长，含有多种维生素，营养丰富，具有舒筋、活血、养颜、润肺之功效。

3. 桃红葡萄酒

这类葡萄酒的颜色主要有浅红色、淡玫瑰红色、桃红色等。桃红葡萄酒是采用带色葡萄经部分浸出有色物质发酵酿制而成，它的颜色介于红葡萄酒和白葡萄酒之间。

（二）按含二氧化碳压力分类

按含二氧化碳压力可以将葡萄酒分为静酒、起泡葡萄酒、葡萄汽酒三类。

1. 静酒

是指不含二氧化碳或者含很少二氧化碳，温度在20℃时，二氧化碳压力小于0.05兆帕的葡萄酒。

2. 起泡葡萄酒

是指葡萄酒经密闭二次发酵产生二氧化碳，在 20℃时，二氧化碳压力大于或等于 0.35 兆帕的葡萄酒。

3. 葡萄汽酒

是指人工添加了二氧化碳的葡萄酒，在 20℃时，二氧化碳压力大于或等于 0.35 兆帕的葡萄酒。

（三）按含糖量分类

1. 干型（dry）

含糖量小于或等于 4 克 / 升的葡萄酒，或者当总糖与总酸（以酒石酸计，下同）的差值小于或等于 2.0 克 / 升时，含糖量最高为 9.0 克 / 升的葡萄酒。

2. 半干型（semi-dry）

含糖量一般在 4~12 克 / 升之间，或者当总糖与总酸的差值小于或等于 2.0 克 / 升时，含糖量最高为 18.0 克 / 升的葡萄酒。

3. 半甜型（semi-sweet）

含糖量不超过 45 克 / 升的葡萄酒；需要注意的是，高泡葡萄酒没有半甜这种类型。

4. 甜型（sweet）

含糖量超过 45 克 / 升。

（四）按饮用方式分类

葡萄酒按照饮用方式主要分为开胃葡萄酒、佐餐葡萄酒和待散葡萄酒。开胃葡萄酒在餐前饮用，主要是一些香气较浓郁的葡萄酒，酒精度一般在 18% 以上，比如，我国比较有名的"味美思"酒；第二类是佐餐葡萄酒，同正餐一起饮用，主要是一些干型葡萄酒；第三类是待散葡萄酒，在餐后饮用，主要是一些甜葡萄酒。

三、葡萄酒的酒精度

一般来说，葡萄酒的酒精度大都在 8%~15% 之间（酒精度单位一般用 % 或者°），它主要由葡萄果实中的含糖量决定的。通常，葡萄酒的酒精度介于 7~16.2° 之间，因为酒精度一旦超过了 16.2°，酵母就会停止活动了。虽然葡萄酒的发酵是很复杂的化学反应的过程，但是其中最主要的化学变化是糖在酵母菌的作用下转化为酒精和二氧化碳，即发酵可简单表示为：葡萄中的糖分+酵母菌→酒精＋二氧化碳＋热量。因此葡萄的含糖量高，转化出的酒精度就相应地高；而葡萄本身含糖量低，则转化出的酒精度就低。

通常，17~18 克 / 升的糖分可转为 1° 酒精，即 1 升葡萄汁发酵要获得 1° 的酒精度，则必须有 17~18 克的糖分。对于白葡萄酒来说需要 17 克，而红葡萄酒因为带皮发酵或其他损耗，则需要高一点的含糖量，即 18 克。

不同国家地区的气候、葡萄品种、年份等因素都会导致葡萄的含糖量乃至葡萄酒酒精度有所不同。如美国加州和澳大利亚的葡萄酒通常酒精度会高些，因此我们经常看到美国的葡萄酒酒精度在 13%，澳大利亚的葡萄酒酒精度在 13.5%，甚至 14%。像德国等气候相对寒冷一些的国家则葡萄含糖量较低，从而葡萄酒酒精度也相对较低。

◆ 四、葡萄酒的营养价值

（1）葡萄酒中含有抗氧化成分和丰富的酚类化合物，可防止动脉硬化和血小板凝结，保护并维持心脑血管系统的正常生理机能，起到保护心脏、防止中风的作用。

（2）葡萄酒是唯一的碱性酒精性饮品，可以中和现代人每天吃下的大鱼大肉以及米面类酸性食物，降低血中的不良胆固醇，促进消化。

（3）葡萄酒含有糖、醇类、有机酸、无机盐、维生素等营养物质，对人体发育有不同的补益。

（4）饮用葡萄酒对女性有很好的美容养颜的功效，可养气活血，使皮肤富有弹性。

（5）红葡萄酒中含有丰富的单宁酸，可预防蛀牙及防止辐射伤害。

（6）红葡萄酒中含有较多的抗氧化剂，能消除或对抗氧自由基，所以具有抗老防病的作用，经常饮用还可预防老年痴呆。

（7）葡萄皮中含有白藜芦醇，其抗癌性能在数百种人类常食用的植物中属于最好的。这种成分可以防止正常细胞癌变，并能抑制癌细胞的扩散。而红葡萄酒正是由葡萄全果酿制的，故是抗癌防癌的佳品。

◆ 五、葡萄酒的服务流程

（一）葡萄酒与食物的搭配

葡萄酒与食物的搭配目标就是平衡，二者应该相互补充，而不是某一方有压倒性的味道。完美的搭配能够让人品出细微的差别，同时加强酒和食物各自的独特味道。

从菜品的复杂性和酒的多样性来看，葡萄酒配菜还是要看个人口味喜好。但总体而言，葡萄酒和食物的搭配，的确有一些基本原则可以遵循。概括地说，就是所选之酒一定可以补足菜品，让二者实现平衡，相得益彰。例如，酸葡萄酒要配酸的或者咸的食物，因为它的酸度会使咸味降低；甜葡萄酒最好与甜味食物搭配，酒的甜味与食物的甜味可以相互抵消；清淡型葡萄酒要搭配清淡些的食物，浓郁型的则相反，最好搭配口味重些的食物。

总体而言，葡萄酒搭配的食物一定要与葡萄酒的口味相宜。要了解每一款葡萄酒的口味，阅读酒标和酒瓶背面的说明是非常重要的。当然也可以通过搭配相反的食物来获得新的味觉体验。

（二）展示酒

展示酒时，酒标对着客人，向客人介绍酒的基本情况（包括酒名、地区、年份等信息）。见图4.5.1。

（三）开酒

开酒步骤如图4.5.2所示。

图4.5.1　展示酒

1.海马酒刀演示	2.开启侧面的小刀	3.手按刀背,沿瓶口凸起处逆时针划割180°	4.顺时针划割180°,直到割开瓶封为止
5.揭开瓶封的样子	6.对准瓶塞,顺时针垂直旋转酒刀	7.适当转入,勿穿透木塞	8.将支架弯下,使支架最上级的卡口卡住瓶口
9.用一只手捏住支架和瓶口	10.另一只手将酒刀把向上拉到一定角度	11.将支架的第二级卡口上移,卡住瓶口继续将把手拉起	12.此时即可用手将木塞连酒刀一起拔出

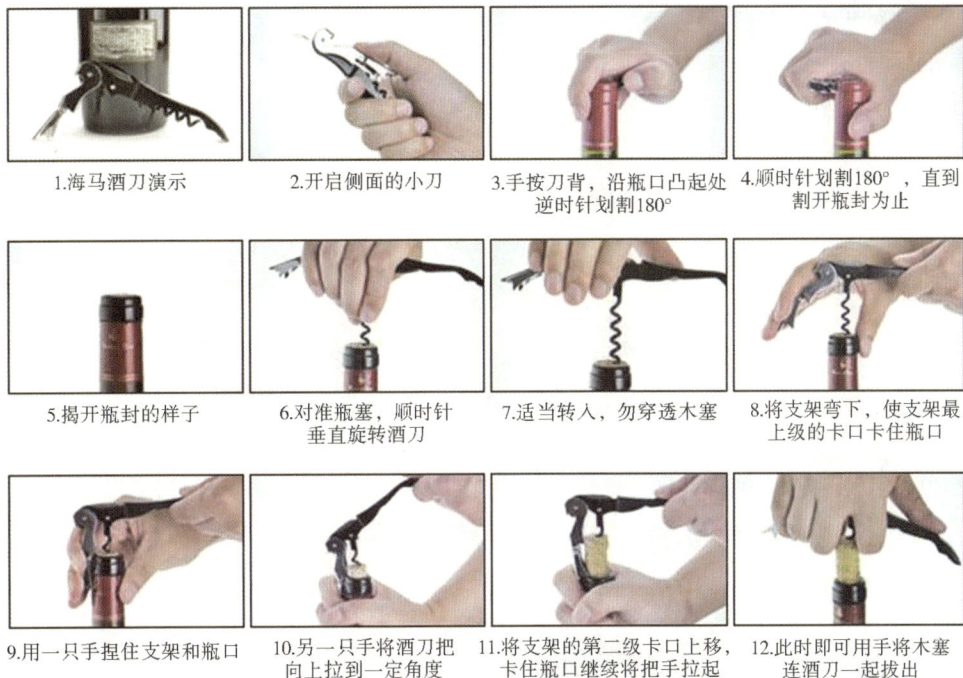

图 4.5.2 开酒步骤

(四)试酒

1.观其色,判断酒属于年轻的酒、新酒还是老酒

越是年轻的酒,酒的颜色越深沉、边缘颜色越紫,而年份较老的葡萄酒由于葡萄酒的演化,颜色越来越浅淡,最后变成浅褐色。

2.摇杯,看"酒腿"

根据"酒腿"可以判断出酒精和含糖量,"酒腿"越多、越密、越粗、越长、越持久,就代表含有越多的酒精和糖分。

3.分量

试酒时应倒取酒杯的1/10。

(五)醒酒

醒酒的目的是移除葡萄酒中的沉淀物和让葡萄酒与空气充分接触。这样可以发展出更微妙的风味,使葡萄酒粗糙、辛辣和带苦味的口感变得柔顺,葡萄酒变得更有活力。醒酒器见图4.5.3。

图 4.5.3 醒酒器

(六)斟酒

为客人斟酒时要注意商标面向客人,手握瓶身或瓶底,瓶口距杯口2~5厘米,沿杯壁缓缓注入,完毕后旋转90°,擦拭瓶口。见图4.5.4。

图 4.5.4 斟酒

六、品酒

（一）酒杯拿法

酒杯拿法如图 4.5.5 所示。

将杯柄置于拇指和食指间

夹住杯柄

夹住杯柄底部

托住杯底

图 4.5.5　酒杯拿法

（二）品酒

　　葡萄酒在口腔中甜酸苦涩的变化大致需要 13 秒，好葡萄酒变化非常缓慢。葡萄酒喝入口中后，舌头以缓慢的动作搅动，让葡萄酒液充分地与舌头、上颚、下颚、脸颊内侧以及舌根的位置接触。

　　葡萄酒经过舌头搅动后，吞下一两小口，然后吸入一些空气到口中，使葡萄酒的芳香度更加强烈（吸气时，口的形状类似发英文字母"F"，吸力和缓，不可过猛，以免呛到喉咙）。当葡萄酒在口腔内的各个味觉感应区发生作用时，此时应专注地去体会，并且记录葡萄酒的结构（酒精、酸、单宁等）以及真实的味道。见图 4.5.6。

图 4.5.6　品酒

思考与练习

　　1. 葡萄酒的分类有哪些？

　　2. 葡萄酒的服务流程是什么？

　　3. 如何品鉴葡萄酒？

第六节　咖啡服务礼仪

【学习目标】

1. 掌握饮用咖啡的相关礼仪。
2. 掌握进行咖啡服务时应遵循的礼仪。

【名人名言】

礼仪是在他的一切各种美德之上加上一层藻饰，使它们对他具有效用，去为他获得一切和他接近的人的尊重与好感。

——洛克

【案例导入】

李先生平时是一位爱喝茶的人，没有喝过咖啡。某天，李先生受朋友邀请到某咖啡馆聚会，同行的还有几位女士。由于李先生对咖啡不了解，就点了与朋友同样的单品摩卡，当咖啡端来以后，李先生拿起勺子喝了起来，但觉得不方便又把杯子端起来喝，一边喝一边说："这咖啡是不是有问题，又酸又苦。"同行的几位女士见状大笑，让李先生很是尴尬。

【想一想】

1. 此案例中的李先生喝咖啡的方式有问题吗？
2. 你知道喝咖啡要注意哪些礼仪规范吗？

【绅士淑女有约】

咖啡作为一种文化，体现了一种生活态度。与其说咖啡作为一种饮料而存在，不如说它是作为一种生活方式而存在。现代社会忙碌的生活节奏，需要我们偶尔放慢节奏，放宽心态，思考自己，静享生活，而选择享用咖啡则能够实现这样一种生活方式。不管是饮用咖啡还是为别人提供咖啡服务时，都应注意一些基本礼仪。

▶ 一、咖啡的分类

依据喝咖啡时添加的配料不同，咖啡可被分为多个品种，下面介绍几种比较常见的咖啡。

（1）白咖啡，是马来西亚的特产，颜色并不是白色，但是比普通咖啡更清淡柔和。白咖啡味道纯正，甘醇芳香。见图 4.6.1。

（2）美式咖啡，是最普通的咖啡，属于黑咖啡的一种。在浓缩咖啡中直接加入大量的水制成，口味比

图 4.6.1　白咖啡

较淡，咖啡因含量较高。见图 4.6.2。

图 4.6.2　美式咖啡

图 4.6.3　法式咖啡

（3）法式咖啡，这是法国人吃早餐时最爱喝也最常喝的咖啡，尤其适合老年人和不适合吸收咖啡因的人饮用。由于加入的牛奶多，所以颜色呈浅棕色。盛装时习惯用比一般咖啡杯大的杯子或马克杯来盛装。见图 4.6.3。

（4）爱尔兰咖啡，最早出现于爱尔兰的达布尔，却盛行于旧金山，最后遍布于全世界，是最著名的咖啡冲泡方式。通常是加入爱尔兰威士忌，但若利用具有石兰花芳香的爱尔兰薄荷酒，更能营造出华丽气氛。首先将砂糖、爱尔兰酒放入杯中，再加入热咖啡使糖溶化，然后上面加入鲜奶油，可以隔着冰凉的鲜奶油喝热咖啡。当热咖啡注入杯中时，刚开始只是注入少量，等杯子的温度略升后才注入剩余部分，如此便不必担心杯子可能裂开。见图 4.6.4。

图 4.6.4　爱尔兰咖啡

图 4.6.5　摩卡咖啡

（5）摩卡咖啡，是一种最古老的咖啡，是由意大利浓缩咖啡、巧克力酱、鲜奶油和牛奶混合而成。摩卡得名于有名的摩卡港。其独特之甘、酸、苦味，极为优雅，为一般高级人士所喜爱的优良品种。通常皆以单品饮用，饮之润滑可口，醇味历久不退，若调配为综合咖啡，更是一种理想的品种。见图 4.6.5。

（6）拿铁咖啡，是浓缩咖啡与牛奶的经典混合。咖啡在底层，牛奶在咖啡上面，最上面是一层奶泡。它也可以放一些焦糖，之后就成了焦糖拿铁。见图 4.6.6。

（7）卡布奇诺，是意大利咖啡文化的主流品种。名称由来是：在意大利人眼中，热牛奶和浓咖啡混合形成的牛奶帽盖，很像教堂僧侣所穿戴的连帽长袍。而卡布奇诺最令人陶醉的便是那细致温暖的牛奶泡沫，温柔地包裹着咖啡的热度，令人回味无穷。见图 4.6.7。

图 4.6.6　拿铁咖啡

图 4.6.7　卡布奇诺

二、饮用咖啡时应注意的礼仪

在正规的西餐宴会上，饮咖啡是压轴戏。饮咖啡可以安排在用过甜点之后，也可以离开餐桌后改在咖啡厅进行。多年来，咖啡一向在西方饮品中唱主角。不论是在隆重的宴会上，还是在家中以咖啡待客，饮咖啡都有一整套礼节。

（一）加糖

加糖时，砂糖可用咖啡匙舀取，直接加入杯内，也可用糖夹子把方糖夹在咖啡碟的近身一侧，再用咖啡匙把方糖加进杯子里。不直接用糖夹子把方糖放入杯内，是为了避免咖啡溅出，弄脏衣服或者台布。加糖后，不需要用力搅拌，因为糖和牛奶的融化速度很快。不喜欢加糖和奶的，可把杯耳转向自己的右侧。

（二）咖啡匙的使用

咖啡匙是用以搅拌咖啡的，不要用它直接去取方糖，更不要用它一匙一匙地舀着咖啡喝。加了方糖，可用咖啡匙轻轻一搅，但不宜用力去捣。餐桌上讲究热咖啡，如嫌其太热，可待它自然冷却，或用咖啡匙轻搅使之降温。用嘴去试图吹凉咖啡，是不文雅的举动。同时，咖啡匙不用时要平放在咖啡碟里，千万不要让它停留在咖啡杯中。

（三）端杯

一般餐后饮用的咖啡，用的都是比较袖珍型的杯子。这种杯子的杯耳很小，手指无法直接穿过。但是如果遇到的是大杯子，切记不要用手指穿过杯耳来端杯子。正确的姿势是，用拇指和食指捏住杯把端起杯子，饮用时可以右手拿着咖啡的杯耳，左手轻轻托着咖啡碟，慢慢地移向嘴边轻轻地啜饮。见图 4.6.8。

图 4.6.8　端杯

（四）饮用咖啡

如果自己的座位离桌子稍远，不便用双手端着杯子饮用，此时可以稍微做一下变通：左手将咖啡碟端至齐胸处，右手从碟中端起咖啡杯饮用。但是要注意，不要使杯子和咖啡碟"分家"，还要注意的是不可满把握杯、大口吞咽，喝咖啡时记住不要发出声响来。

在社交场合，常为女宾举办咖啡宴，作为女士们彼此相识的一种方式。咖啡宴不讲座次，时间也不长，在饮咖啡时，还要上一些甜点。如欲品尝甜点，应放下咖啡杯，饮咖啡时，亦应放下甜点。倘若左右开弓，双手不空，吃一口、喝一口交替进行，则有失风度了。

三、咖啡服务

咖啡服务的礼仪与企业形象是休戚相关的，员工服务水平是消费者消费时看中的第一要素。所以，员工的服务质量、服务规范就直接影响消费者的消费。员工的一言一行，一举一动，都在展现着整个航空公司和机场的整体形象。

（一）服务人员服务礼仪规范

1.自身清洁规范

上班期间不喝酒，不吃异味较大的食物，用餐后要坚持刷牙或用漱口水清洗牙齿，保持口腔清新。上岗前用洗手间后必须做好手部清洁，需常修指甲，指甲不能过长，坚持清洗指甲。女性职工不能涂用深色指甲油，坚持头发梳洗整洁。

2.穿着职业装规范

服务人员应穿着本岗位制服上岗，保持服装洁净、整齐，平坦、挺括、无皱褶，线条流畅。服装应完整无缺，无破损、不开线、不掉扣，尺度适中。穿制服时扣子要悉数扣好；穿西服时，不管男女不得打开外衣，卷起裤脚、衣袖等。

制服外衣衣袖、衣领处，制服衬衣衣领口，不得暴露自己衣物。制服外不得出现个人物品，如纪念章、笔、纸等。

3.仪容规范

服务人员仪容要大方、舒服，显得精神饱满。男性员工不得留长发，前发不过额，后发不齐领，不留小胡子、大鬓角。女性员工化淡妆上岗，容貌漂亮自然，有青春活力。男性员工不得化妆，整体打扮与工种、服务场所和谐，不花枝招展，不轻佻、鲜艳，以免客人产生厌恶之感。见图4.6.9。

图 4.6.9　服务人员仪表标准

4.举止规范

服务人员在工作岗位上应精力饱满、自然大方，随时预备为客人提供服务。站立时要坚持美丽的站姿，表情自然、面带微笑。行走时，两眼平视，正对前方，身体坚持笔直平稳，无左右摇晃、八字步和罗圈腿。见图4.6.10。

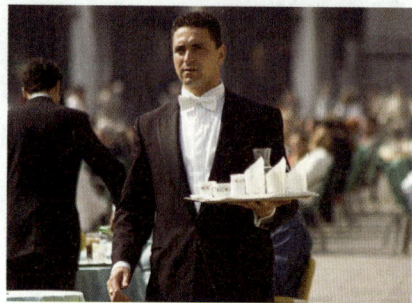

迎送客人时，自动问候，指示方向。介绍服务项目或设备时，走在客人的右前方或左前方1.5~2步远距离处，身体略为侧向客人。为客人服务或与客人攀谈时，

图 4.6.10　服务中的走姿

手势正确，动作自然、优雅，符合规范；手势使用恰当，运用手势时应尊重客人，注意同语言的配合。

5.服务规范

对待客人要谦虚有礼，朴素大方，表情自然，面带微笑，情感真诚。应尊重客人的风俗习惯和宗教信仰，对客人的服饰、形象、不一样的习惯和动作，不指手画脚，依照客人的需求和习惯提供服务。

同客人攀谈时注意倾听，精力集中、表情自然，不随意打断客人说话或插话，不时给出相应的反应以示尊重。不做客人忌讳的不礼貌动作，不说对客人不礼貌的话。

（二）咖啡服务流程礼仪

1. 预备供给服务的用具

所准备的用具需做到整齐、清洁、无破损、无水迹，一切用具需配套运用且在同一桌上坚持一致。在奶盅里放入 2/3 的鲜奶，在糖盅中依照每人 2 袋的规范放入砂糖、低热量糖粉、咖啡焦糖等。

2. 摆放服务用具

垫碟摆放于客人正前方，咖啡杯倒置于垫碟上，杯把朝右且与客人平行，咖啡勺放在垫碟内的上方、勺柄朝右。奶盅、糖盅按每 2~3 人一套摆放在桌子中心，以供客人选用。

3. 服务客人

在机场为 VIP 旅客提供咖啡服务时，首先要弄清楚旅客需求，比如，旅客需要何种咖啡单品，有没有不适应的口味，以及对咖啡有没有其他的特殊要求。弄清楚旅客需求之后，才能更好地为旅客提供咖啡服务。

端上咖啡时，只用右手即可，对外宾尤其应当如此，因为国外大都认为左手为不洁。咖啡端上来时，应放置于饮用者的正面或右侧，杯耳向右。糖包放在咖啡碟上，供旅客根据自己的口味进行添加。另外，在端上咖啡的同时不要忘了配备一杯冷开水在其左侧，便于咖啡爱好者们在咖啡和冷开水的对比中品尝出咖啡的口味。同时，要依照女士优先、先宾后主的次序，按顺时针方向从客人右侧倒咖啡，倒咖啡时，咖啡杯不能脱离桌面。

4. 添加咖啡

当客人咖啡杯中的量剩下 1/5 时，应征得客人同意后及时为客人添加咖啡。

思考与练习

1. 咖啡的分类有哪些？
2. 喝咖啡时应该注意的礼仪规范有哪些？
3. 咖啡服务的礼仪规范有哪些？

模块五　特殊场合仪式礼仪

第一节　颁奖仪式

【学习目标】

1. 了解颁奖仪式的定义。
2. 理解颁奖仪式准备工作的具体事项。
3. 掌握颁奖仪式的程序和规范。

【名人名言】

礼貌是人类共处的金钥匙。

——松苏内吉

【案例导入】

　　第 89 届奥斯卡金像奖颁奖典礼于北京时间 2017 年 2 月 27 日举行,《爱乐之城》获得 14 项提名,最终赢得了 6 项大奖,成为本届奥斯卡最大赢家。但就在"最佳影片"颁布的时刻,正当各大媒体准备把自己早已备好的稿子动一下手指发出时,颁奖人先是念出最佳影片是《爱乐之城》,整个《爱乐之城》的主创都上台,制片人情绪激昂地致感谢词将近 5 分钟。之后有人上台拿出了一个信封,将真正的"最佳影片"授予了《月光男孩》,空欢喜的《爱乐之城》剧组目瞪口呆地留在现场。

【想一想】

1. 此案例中,是什么原因使颁奖仪式出现尴尬的局面?
2. 颁奖的流程是什么?

【绅士淑女有约】

一、颁奖仪式的概念

　　颁奖是指由颁奖嘉宾在特定的活动现场颁发奖品、证书、奖杯等授予获奖者的仪式。见图 5.1.1。

二、颁奖仪式的准备工作

颁奖仪式的准备工作是指作为负责颁奖仪式的一方为颁奖仪式所做的准备工作。包括确定参加颁奖仪式的人员、准备奖品、布置颁奖场地等。

图 5.1.1　奥运会颁奖典礼

（一）确定参加颁奖仪式的人员

一般情况下，参加颁奖仪式的人员，包括主持人、颁奖嘉宾、领奖者、礼仪小姐等。

主持人，需要普通话流畅，为颁奖仪式全程服务；颁奖嘉宾，多为德高望重，或具有一定头衔、官职的人员；领奖者，需要提前邀请活动入围选手，颁奖现场由颁奖嘉宾宣布获奖人员名单；礼仪人员的选拔要注重仪表和仪容，一般穿旗袍。

（二）准备颁奖物品

（1）托盘：圆形托盘；

（2）奖品：包括奖牌、奖金、奖状、奖杯、桂冠及其他不同的奖励等；

（3）鲜花的准备。

（三）布置颁奖场地

颁奖仪式举行的场所，一般视参加颁奖仪式的人员数量、规格及仪式的重要程度等因素来确定。一般可以选择在演播厅、酒店的大型会议室或主席台等场所举行。如果想扩大影响，也可以选择在新闻发布中心或者著名的会议场所并邀请媒体记者参加。

三、颁奖的流程

（一）常规流程

（1）迎宾。迎宾是礼仪小姐工作的第一环节，礼仪小姐应站在门口的两侧，身着旗袍，披上绥带，化淡妆，头发盘起，穿高跟鞋，双目平视，嘴唇微闭，面带微笑，微收下颏，给人以亭亭玉立的感觉。来宾到来时施以标准的鞠躬礼并亲切问候："您好！欢迎光临。"

（2）引导。来宾到来时，应问："先生（小姐）您好！请问您是参加宴会的吗？"，确认身份后，热情地以手势引导，"先生（小姐），请这边走"。见图 5.1.2。

图 5.1.2　迎宾

（3）签到。礼仪小姐应将每个来宾引领到签字台。请来宾签字要讲究礼貌。对来宾的合作表示感谢。

（4）带来宾入座。

（5）先由一位礼仪小姐把受奖者引导上台。

（6）再由另一位礼仪小姐把颁奖者引导上台。

（7）颁奖嘉宾上台讲话以及宣布获奖名单。

（8）礼仪小姐用托盘托奖品（奖章、奖杯、证书等）有序上台（手臂和侧腰大约一拳距离，端托盘时，大拇指是露在托盘外沿的）。

（9）由礼仪小姐将受奖人引导上台领奖。

（10）由礼仪小姐双手递呈奖品至颁奖嘉宾面前且鞠躬（向前微倾约 15°），颁奖嘉宾接过奖品（奖章、奖杯、证书等），把奖品递给获奖者后礼仪小姐马上离开（从授奖者身后离开）。

（11）颁奖嘉宾和受奖人合影留念后，礼仪小姐分别将颁奖嘉宾和受奖人引导回原位。

（二）颁奖的特殊流程

情况一：颁奖嘉宾已在台上（就座）。

（1）礼仪小姐直接用托盘托奖品（奖章、奖杯、证书等）有序上台后，将奖品（奖章、奖杯、证书等）直接交予颁奖嘉宾。

（2）由礼仪小姐将受奖人引导上台。

（3）颁奖嘉宾和受奖人合影留念后，礼仪小姐将受奖人引导回原位。

情况二：受奖人已在台上（受奖人数较少）。

（1）由礼仪小姐将颁奖嘉宾引导上台（礼仪小姐随颁奖嘉宾之后上台，颁奖嘉宾与礼仪小姐分别站在受奖人两侧，颁奖完毕后礼仪小姐有序离开舞台）。

（2）颁奖嘉宾和受奖人合影留念后，礼仪小姐分别将颁奖嘉宾和受奖人引导回原位。

情况三：颁奖场地不大（只有一位颁奖嘉宾）。

（1）礼仪小姐将受奖人引导上台。

（2）另一名礼仪小姐将颁奖嘉宾引导上台。

（3）礼仪小姐随颁奖嘉宾之后上台。

（4）颁奖完毕后礼仪小姐有序离开舞台（从受奖人身后离开）。

（5）颁奖嘉宾和受奖人合影留念后，礼仪小姐分别将颁奖嘉宾和受奖人引导回原位。

▶ 四、颁奖礼仪注意事项

（1）慎重考虑邀请谁来参加。在一些颁奖典礼上，所有候选人和初审入围者都将被邀请，而获奖名单将在最后一刻被揭晓。其他的典礼则只有获奖人以及他们的嘉宾出席，再就是其他被邀请参加的人。前一种典礼将令人心情激动，但后一种典礼则更加祥和，更具庆典气氛。若是组织其他知名颁奖典礼，列出一份"A"级被邀请者名单和一份候补名单，如果有人最后退出，就以此候补。

（2）考虑好活动进行顺序。你需要准备好清晰的节目单，以使所有的人（包括会场服务人员和负责视听设备的人员与嘉宾）都确切知道下一步活动。

（3）时间控制最重要，如果你请到一位知名人物来颁奖，就不必严格控制时间，而要根据他的时间来安排活动。要明确颁奖时间。比如，颁奖活动是在晚宴后，则一定要确保按时上菜，并且按时撤餐，以保证颁奖按时开始。预留机动时间以防有人迟到或是动作稍慢了些。

（4）确定负责按既定目标确保活动准时开始的人。一位嗓音好、魅力超凡、经验丰富的男主持或女主持的作用是非常重要的。他（她）就是导演，既能引导典礼正常进行，又能根据需要即兴发挥。

（5）颁奖时，当多名礼仪小姐同时转身时，脚步要一致。

（6）颁奖鞠躬时，向前是以髋关节为轴，向下 15°~30°。颁奖时是多名人员一组，在鞠躬时，会出现时间不统一、动作不整齐等情况，因此需要默契配合（心中有个一致的节拍）。

（7）托盘的动作要求：手臂和侧腰大约一拳距离，端托盘时，大拇指是露在托盘外沿的。

（8）步调与间距：控制步调，多名礼仪小姐行走时，间距应相等，一般是三四十厘米为宜（具体情况以场地为准）。

（9）如果出现失误，就启动应急计划。要知道相关人员没有到场该怎么办，主要人物最好能有候补，以便应急。

（10）膳食安排恰当。在颁奖典礼这类活动中，人们并不在意饮食。但是也应当准备恰当的、能满足人们不同饮食需求的、令人愉悦的食品。

（11）获奖人前往主席台领奖的路线要尽量简单，应该为他们指定正确的方向并提示他们何时前去领奖。

（12）准备好颁发的奖品。如果获奖者有证书，必须确保他们拿到的是自己的证书。

（13）操控视听设备。先决定是自己操控视听设备还是请专业公司来负责。如果无法确定，请专业公司提供不同演出的音乐伴奏，然后请他们的专家帮助你在可承受的价格内作出选择。

■ 知识链接

礼仪小姐的准备

（1）手势礼仪。一般而言，手势由进行速度、活动范围和空间轨迹三个部分构成。在人际交往中，主要被用以发挥表示形象、传达感情两个方面的作用，基本手势：

①垂放是最基本的手姿。做法是：一是双手自然下垂，掌心向内，叠放或相握于腹前；二是双手伸直下垂，掌心向内，分别贴放于大腿外侧。

②背手多见于站立、行走时。做法是：双臂伸到身后，双手相握，同时昂首挺胸。

③持物，即用手拿东西。做法是：可用一只手，也可用双手，拿东西时要动作自然，五指并拢，用力均匀，不要跷起无名指与小指，以避免作态之嫌。

④鼓掌是表示欢迎、祝贺、支持的一种手姿。做法是：右手掌心向下，有节奏地拍击掌心向上的左掌。必要时，应起身站立。

（2）指示，是用以引导来宾、指示方向的手势。做法是：以右手或左手抬至一定高度，五指并拢，掌心向上，以肘部为轴，朝一定方向伸出手臂。

（3）在热烈的场面中，礼仪小姐最引人注目，一举手一投足，一颦一笑都要给人以美的感受。所以对礼仪小姐的自身素质必然有很高的要求，她们必须具有坚强的毅力和高度的工作责任心。礼仪小姐们无论是在炎热的夏日，还是在寒风刺骨的冬天，一站就是几个小时，其中的冷热、劳累、饥饿、疼痛是一般人难以承受的，但绝对不能流露出半点不耐烦，展示给宾客的始终是真诚、热情、平静、自信和友善的微笑。

【实训练习与指导】

训练项目	训练目的	训练内容	训练形式	评价方式
颁奖仪式策划	通过训练让学生掌握颁奖仪式的流程	颁奖仪式策划案	小组讨论	小组互评；教师评价
颁奖仪式流程	通过训练让学生加深对本节知识的印象	学生自己设定场景	情景模拟	组内评价；小组互评；教师评价

思考与练习

1. 颁奖仪式的定义是什么？
2. 颁奖仪式的人员如何确定？
3. 颁奖仪式的注意事项有哪些？
4. 颁奖仪式的流程有哪些？

第二节 签约仪式

【学习目标】

1. 了解签约仪式的定义。
2. 理解签约仪式准备工作的具体内容。
3. 掌握签约仪式的程序和规范。

【名人名言】

礼者，敬人也。

——孔子

【案例导入】

小李是某外贸公司的公关人员，在筹备与美国某公司的合作签约仪式时，对于双方国旗的摆放位置纠结起来，到底是放"左"还是放"右"？最后，他按照以往的惯例把美方国旗摆在了左边，认为这是对美方的尊重。当签约仪式正式开始的时候，美方人员却特别不高兴，导致签约仪式没有及时完成。因此，小李也受到了公司降薪的惩罚。

【想一想】

1. 此案例中，是什么原因使签约仪式没有顺利完成？
2. 在签约仪式中，次序的排列原则是"以右为尊"还是"以左为尊"？
3. 签约仪式的流程是什么？

【绅士淑女有约】

一、签约仪式的概念

签约仪式是双方或者多方经过谈判就经济、政治、文化、科技等领域内的某一个问题或某一组问题达成协议、协定或缔结条约时常用的一种方式。不同的签约仪式各有特点，但都是一种比较隆重的活动，礼仪规范比较严格。

二、签约仪式的准备工作

签约仪式的准备工作是指作为东道主方为签约仪式所做的准备工作，包括确定参加签约仪式的人员、准备协议文本、布置签约场地等。

（一）确定参加签约仪式的人员

一般情况下，参加签约仪式的人员，基本上是双方参加洽谈会议的全体人员，如一方要求某些没有参与谈判的人员出席签约仪式，应该提前征求对方的意见，取得对方的同意。而另一方在接到对方的请求时，应表示同意以示尊重和礼貌。

要特别注意，出席签约仪式的人员应遵循对等原则。即参加签约仪式的双方人数应大体相等，主要签字人员的级别也应大体相同。有时为了表示对本次活动的重视和庆贺，双方更高一级的领导人也可出席并参加签约仪式，级别也应是对等的。

助签人的职能是洽谈有关签字仪式的细节并在签字仪式上帮助翻阅与传递文本，指明签字处。双方的助签人由缔约双方共同商定，一般可由礼仪接待人员担任助签人。

（二）准备协议文本

谈判或洽谈会议结束后，双方应组织专业人员按谈判达成的协议做好文本的定稿、翻译、校对、印刷、装订、盖印等工作。在文本的准备中，必须严格审核，做到一字不漏，对审核中发现的问题，要及时互相通报，通过再次会谈，达到谅解一致，并相应调整签约时间。作为东道主，应为文本的准备工作提供方便条件和周到的服务。

要特别注意，有几个单位在协议或者合同上签字，就要准备几份文本，一般情况下，还应准备副本。在与外方签署有关协议时，按照国际惯例在准备文本时应同时使用有关各方的官方语言。

（三）布置签约场地

1. 签约场地的选择

签约仪式举行的场所，一般视参加签约仪式的人员数量、规格及协议中的内容重要程度等因素来确定。一般可以选择在客人所下榻的酒店或东道主的会议会客厅等场所举行。如果想扩大影响，也可以选择在新闻发布中心或者著名的会议场所并邀请媒体记者参加。

要特别注意，无论签约仪式选择在何地举行，都应取得对方的同意，否则就是失礼的行为。

2. 签约场地的布置

签约厅有常设专用的，也有临时以其他厅代替的，布置场地的总体原则是清净、整洁、庄重。地面铺上地毯，除了必要的签字台、座椅等，其他的陈设一般都不需要，签字桌上应铺上深色桌布，但是要特别注意双方的颜色忌讳。签字桌面还应准备签字所要用到的文具，如签字笔、吸墨器等。

■ **知识链接**

　　在涉外签约仪式中，为了体现签约仪式的庄重和对交往国人员的尊重，签字桌台布须考虑颜色的选择，特别要注意不同国家的颜色忌讳。我国签约仪式一般选择深绿色、红色，比较忌讳黑色；而墨西哥和意大利忌讳紫色，认为不吉利；马来西亚喜欢红色、橙色等颜色，忌讳黑色，等等。

3. 签约仪式的位次排列

　　根据各国的礼仪情况不同，安排的签约仪式不尽相同，我国的签约仪式位次排列有三种方式。

　　第一种：我们称之为并列式，东道国主签人座位位于签字桌左侧，客方主签人的座位位于签字桌的右侧。双方的助签人员分别站于各方主签人的外侧，其任务是翻文本，并向主签人指示签字处和交换文本等。双方其他参加签约仪式的人员应分别按一定的礼宾顺序位于各主签人后方。见图 5.2.1。

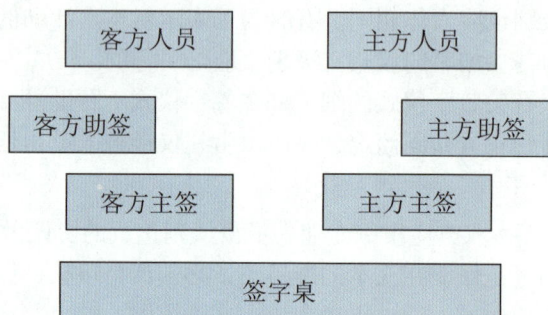

客方人员		主方人员
客方助签		主方助签
客方主签		主方主签
	签字桌	

图 5.2.1　并列式

　　第二种：我们称之为相对式，东道国主签人座位位于签字桌左侧，客方主签人的座位位于签字桌的右侧。双方的助签人员分别站于各方主签人的外侧，双方其他参加签约仪式的人员位于签字桌和各方主签人的正前方。同时强调，中央高于两侧，也就是双方地位高的人站在中间，站在最外面的人地位相对较低，如果站立的签字参加人员有多排，一般还讲究前排高于后排，站在第一排的人地位较高。见图 5.2.2。

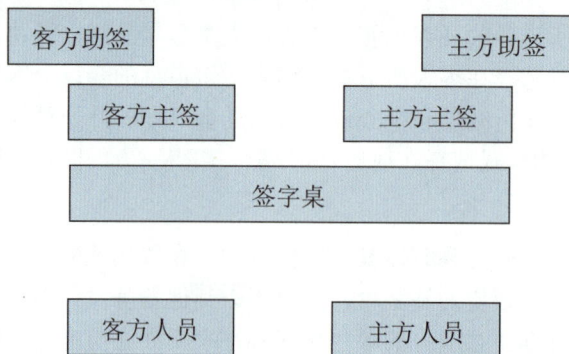

客方助签		主方助签
客方主签		主方主签
	签字桌	
客方人员		主方人员

图 5.2.2　相对式

第三种：我们称之为主席式，适用于多边签约仪式。举行多边签字仪式的基本规范礼仪要求有四点。第一，一般仅设一张签字座椅；第二，多边签字仪式讲究签字者要按照某种约定的顺序依次签名，而不像双边签字仪式一样大家平起平坐，同时签名，因此各方签字人须依照有关各方事先同意的先后顺序依次上前；第三，助签人应随之一同行动，在助签时，依照"右高左低"的规矩，站立于签字人的左侧；第四，有关各方的随员，应按照一定顺序，面对签字桌就座或站立。见图5.2.3。

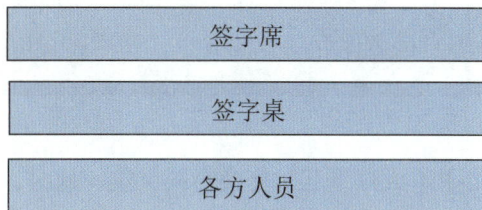

签字席
签字桌
各方人员

图 5.2.3　主席式

4. 国旗的悬挂方法

特别要注意，如果是涉外的双边签约仪式，有关各方的国旗须插放在该方主签人座椅的正前方，按照国际惯例，以右为上，左为下。签署多边性合同或者协议时，各国的国旗应按照一定的礼宾顺序插放在各方签字人的身后。

（四）参加签约仪式人员的仪容仪表规范

在出席签约仪式时，为了表现对仪式的重视，在仪容仪表方面必须合乎礼仪要求，男士应穿着深色西装套装或中山装，女士可穿着西装套裙，并配以白色衬衣与深色皮鞋。男士还应系上单色领带，女士也应化淡妆，以示规范。礼仪人员、接待人员应穿着制服。

▶ 三、签约仪式的程序

签约仪式有一套严格的程序，它是签署协议或合同的高潮，虽时间不长，但庄重、规范而隆重、热烈。

（一）签约仪式的开始

出席签约仪式的双方代表及特约嘉宾按时步入签字仪式现场，在既定的位置上各就各位。主签人在签约席就座。其他人员分主、客各站一边，按照身份、职务高低排列，主方自右向左、客方自左向右，分别排列于各自主签人之后，或者坐在己方主签人的对面。双方助签人则分别站于己方主签人的外侧。

（二）主签人签署文本

签约仪式开始后，助签人协助翻开协议文本，指明签字处，双手递上签字笔，注意笔尖不能朝向对方，请主签人签字。主签人在各自保存的合同文本的左边首位处签字，由助签人传递，在主签人身后交换文本，主签人再签署对方保存的合同文本。

■ 知识链接

什么叫"轮换制"

它是指在位次排列上轮流使用，有关各方均有机会居于首位一次，以显示机会均等，各方平等。

双方主签人在由自己方保留的合同文本上签字时，按照惯例应当名列首位，因此，各方主签人均应首先签署自己方保存的合同文本，然后再交由他方主签人签字。

（三）交换合同文本

签约仪式完成以后，由主签人郑重互相交换合同文本。此时，各方主签人应热情握手，互相祝贺，并互相交换各自一方刚才使用过的签字笔，以表示纪念。全场人员应鼓掌祝贺。

（四）共饮香槟

签约仪式完成以后，礼仪人员会用托盘端上香槟酒，由双方主签人和最高领导人相互碰杯，庆祝签约仪式的顺利进行。

（五）有序退场

退场的时候，一般先让客方最高领导人先退场，然后是客方嘉宾退场，主方人员退场后，工作人员或者东道主收拾会场。

【实训练习与指导】

训练项目	训练目的	训练形式	评价方式
签约仪式策划	通过训练让学生掌握签约仪式的流程	小组讨论	小组互评；教师评价
签约仪式流程	通过训练让学生加深对本节知识的印象	情景模拟	组内评价；小组互评；教师评价

思考与练习

1. 签约仪式的定义是什么？
2. 签约仪式的位次排列方法有哪些？
3. 什么是签约仪式的"轮换制"？
4. 签约仪式的流程有哪些？

第三节 剪彩仪式

【学习目标】

1. 了解剪彩仪式的定义。
2. 理解剪彩仪式准备工作的具体内容。
3. 掌握剪彩仪式的流程和规范。

【名人名言】

我成功是因为我有决心，从不踌躇。

——拿破仑

【案例导入】

在某商场剪彩仪式中，主办方特别邀请了著名歌星×××到场剪彩，并安排其与商场董事长为主剪人，出席的人员还有商场的几位中层管理者。在主持人宣布剪彩开始后，其中位于边上的某中层管理者率先剪断了彩带，此时，董事长面露不悦，紧随其后剪断了彩带。

【想一想】

主持人宣布剪彩后，应由谁率先领头剪断彩带？

【绅士淑女有约】

▶ 一、剪彩仪式的概念

剪彩仪式，指的是商界有关单位，为了庆祝公司的设立、企业的开工、宾馆的落成、商店的开张、银行的开业、大型建筑物的启用、道路或航线的开通、展销会或展览会的开幕等等，而隆重举行的一项礼仪性的程序。因其主要活动内容是约请专人使用剪刀剪断称之为"彩"的红色缎带，故此被人们称为"剪彩"。见图5.3.1。

图 5.3.1 剪彩礼仪

▶ 二、剪彩仪式的准备工作

剪彩仪式前要进行周密的筹备工作，如发送请柬、舆论宣传、布置场地、灯光与音响的准备、人员培训等，这些工作必须认真细致、精益求精。

（一）剪彩用具的准备

剪彩仪式的主办方应仔细选择和准备仪式所需的各类用具，如红色缎带、新剪刀、白色薄纱手套、托盘以及红色地毯等。

1. 红色缎带

传统的红色缎带是一整匹未使用过的红色绸缎，在中间扎上几朵大而醒目的红花团。目前，为了节约，代之以长度为2米左右的细窄的红色缎带或红布条。见图5.3.2。

2. 剪刀

剪刀专供剪彩者在剪彩仪式上正式剪彩时所使用。现场剪彩者必须人手一把，而且必须崭新、锋利而顺手。剪彩时需要一刀剪断彩带，不能再补刀。因此，事先必须把剪刀逐一检查。务必确保剪彩者在正式剪彩时，可以一刀剪下，一举成功。待剪彩仪式结束后，主办方可将剪彩者所使用的剪刀经过包装之后，送给对方以作纪念。见图5.3.3。

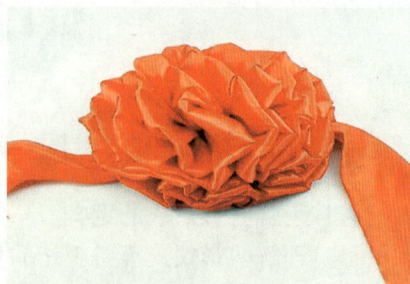

图 5.3.2 红色缎带

3. 白色薄纱手套

白色薄纱手套是供剪彩者剪彩时所戴的，最好每人一副，以示郑重。除了确保数量充足之外，还须洁白无瑕、大小适度、崭新平整。

图 5.3.3 剪刀

4. 托盘

托盘是盛放剪刀、手套用的，最好是崭新、洁净的，通常首选银色的不锈钢制品。为了显示正规，托盘最好用红色绒布或绸布铺垫。

5. 红色地毯

为显示档次，并营造一种喜庆的气氛，红色地毯主要铺设在剪彩者正式剪彩时的站立之处，其长度可视剪彩者人数的多少而定，宽度则应在一米以上。

（二）剪彩会场准备

剪彩仪式的会场一般选在展销会、博览会门口，如果是新建设施或工程，会场一般选在新建设施、工程现场。会场四周可适当张灯结彩。在举行仪式前一周可向相关单位和个人发送请柬或宣传刊物以及张贴告示。

（三）剪彩人员的选定

对剪彩人员必须认真地进行选择，并于事先进行必要的培训。剪彩人员包括剪彩者和助剪者。以下分别来简介一下对于他们的主要礼仪性要求。

1. 剪彩者的选定

在剪彩仪式上担任剪彩者，是一种很高的荣誉。剪彩仪式档次的高低，往往也同剪彩者的身份密切相关。因此，在选定剪彩的人员时，最重要的是要把剪彩者选好。

剪彩者，即在剪彩仪式上持剪刀剪彩之人。根据惯例，剪彩者可以是一个人，也可以是几个人，但是一般不应多于五人。通常，剪彩者多由上级领导、合作伙伴、社会名流、员工代表或客户代表所担任。

确定剪彩者名单，必须是在剪彩仪式正式举行之前。名单一经确定，即应尽早告知对方，使其有所准备。在一般情况下，确定剪彩者时，必须尊重对方个人意见，切勿勉强对方。需要由数人同时担任剪彩者时，应分别告知每位剪彩者届时他将与何人同担此任。这样做是对剪彩者的一种尊重。千万不要"临阵磨枪"，在剪彩开始前才强拉硬拽，临时找人凑数。

必要时，可在剪彩仪式举行前，将剪彩者集中在一起，告之对方有关的注意事项，并稍事训练。按照常规，剪彩者应穿着套装、套裙或制服，将头发梳理整齐。不允许戴帽子，或者戴墨镜，也不允许穿着便装。

若剪彩者仅为一人，则其剪彩时居中而立即可。若剪彩者不止一人时，则其同时上场剪彩时位次的尊卑就必须予以重视。一般的规矩是：中间高于两侧，右侧高于左侧，距离中间站立者愈远，位次便愈低，即主剪者应居于中央的位置。需要说明的是，之所以规定剪彩者的位次"右侧高于左侧"，主要是因为这是一项国际惯例，剪彩仪式理当遵守。若剪彩仪式并无外宾参加时，执行我国"左侧高于右侧"的传统做法，亦无不可。

2. 助剪者的挑选

助剪者，指的是在剪彩者剪彩的一系列过程中从旁为其提供帮助的人员。一般而言，助剪者多由东道主一方的女职员担任，人们对她们的常规称呼是礼仪小姐。

具体而言，在剪彩仪式上服务的礼仪小姐，又可以分为迎宾者、引导者、服务者、拉彩者、捧花者和托盘者。迎宾者的任务，是在活动现场负责迎来送往。引导者的任务，是在进行剪彩时负责带领剪彩者登台或退场。服务者的任务，是为来宾尤其是剪彩者提供饮料，安排休息之处。拉彩者的任务，是在剪彩时展开、拉直红色缎带。捧花者的任务则在剪彩时手托花团。托盘者的任务，则是为剪彩者提供剪刀、手套等剪彩用品。

在一般情况下，迎宾者与服务者应不止一人。引导者既可以是一个人，也可以为每位剪彩者各配一名。拉彩者通常应为两人。捧花者的人数则需要视花团的具体数目而定，一般应为一花一人。托盘者可以为一人，亦可以为每位剪彩者各配一人。有时，礼仪小姐亦可身兼数职。

礼仪小姐的基本条件为：相貌姣好、身材颀长、年轻健康、气质高雅、音色甜美、反应敏捷、机智灵活、善于交际。礼仪小姐的最佳装束应为：化淡妆、盘起头发，穿款式、面料、色彩统一的单色旗袍，配肉色连裤丝袜、黑色高跟皮鞋。除戒指、耳环或耳钉外，不佩戴其他任何首饰。有时，礼仪小姐身穿深色或单色的套裙亦可。但是，她们的穿着打扮必须尽可能地整齐划一。必要时，可向外单位临时聘请礼仪小姐。

■ 知识链接

剪彩人员的礼仪要求

剪彩者是剪彩仪式的主角，他们的言行举止直接关系到剪彩仪式的效果和企业形象。因此剪彩者既要有荣誉感，又需有责任感。

1. 注意仪容仪表

头发要梳理好，仪容整洁。男士一般穿西装、中山装，女士则穿西装套裙，不可戴墨镜，给人感觉应该是神采奕奕、干练而有修养。

2.举止大方

剪彩过程中，剪彩者要时刻保持自己稳重的姿态，做到快而不慌，忙而不乱。全程面带微笑，步伐稳健地走向主席台。剪彩时，要聚精会神、严肃认真并快速地剪断绸带。最后，鼓掌致意，并与主持人、其他剪彩者一一握手。

3.控制言谈

等待剪彩时只可低声耳语，以一两句问候为宜。发言时应铿锵有力，言简意赅。

▶ 三、剪彩仪式的程序

在剪彩之处悬挂写有剪彩仪式的具体名称的大型横幅，更是必不可少的。一般来说，剪彩仪式宜紧凑，忌拖沓，在所耗时间上愈短愈好。短则一刻钟即可，长则至多不宜超过一个小时。

按照惯例，剪彩既可以是开业仪式中的一项具体程序，也可以独立出来，由其自身的一系列程序所组成。独立而行的剪彩仪式，通常应包含如下六项基本的程序：

第一项，请来宾就位。在剪彩仪式上，通常只为剪彩者、来宾和本单位的负责人安排座席。在剪彩仪式开始时，即应邀请大家在已排好顺序的座位上就座。在一般情况下，剪彩者应就座于前排。若其不止一人时，则应使之按照剪彩时的具体顺序就座。

第二项，宣布剪彩仪式开始。在主持人宣布仪式开始后，乐队应演奏音乐，现场可燃放鞭炮，全体到场者应热烈鼓掌。此后，主持人应向全体到场者介绍到场的重要来宾。

第三项，齐奏国歌。此刻须全场起立。必要时，亦可随之演奏本单位标志性歌曲。

第四项，安排简短的发言。发言者依次应为东道主单位的代表、上级主管部门的代表、地方政府的代表、合作单位的代表，等等。其内容应言简意赅，每人发言最多三分钟，重点分别应为介绍、道谢与致贺等。

第五项，进行剪彩。此刻，全体应热烈鼓掌，必要时还可奏乐或燃放鞭炮。在剪彩前，须向全体到场者介绍剪彩者。

第六项，进行参观。剪彩之后，主人应陪同来宾参观被剪彩之物。仪式至此宣告结束。随后东道主单位可向来宾赠送纪念性礼品，并以自助餐款待全体来宾。

▶ 四、剪彩的操作

进行正式剪彩时，剪彩者与助剪者的具体做法必须合乎规范，否则就会使其效果大受影响。

当主持人宣告进行剪彩之后，礼仪小姐即应率先登场。在上场时，礼仪小姐应排成一行行进。从两侧同时登台，或是从右侧登台均可。登台之后，拉彩者与捧花者应当站成一行，拉彩者处于两端拉直红色缎带，捧花者各自双手手捧一朵花团。托盘者须站立在拉彩者与捧花者身后一米左右，并且自成一行。

在剪彩者登台时，引导者应在其左前方进行引导，使之各就各位。剪彩者登台时，宜从右侧出场。当剪彩者均已到达既定位置之后，托盘者应前行一步，到达前者的右后侧，以便为其递上剪刀、手套。

剪彩者若不止一人，则其登台时亦应列成一行，并且使主剪者行进在前。在主持人向全体到场者介绍剪彩者时，后者应面含微笑向大家欠身或点头致意。

剪彩者行至既定位置之后，应向拉彩者、捧花者含笑致意。当托盘者递上剪刀、手套时，亦应微笑着向对方道谢。

在正式剪彩前，剪彩者应首先向拉彩者、捧花者示意，待其有所准备后，集中精力，右手手持剪刀，表情庄重地将红色缎带一刀剪断。若多名剪彩者同时剪彩时，其他剪彩者应注意主剪者动作，与其协调一致，力争大家同时将红色缎带剪断。

按照惯例，剪彩以后，红色花团应准确无误地落入托盘者手中的托盘里，而切勿使之坠地。为此，需要捧花者与托盘者的合作。剪彩者在剪彩成功后，可以右手举起剪刀，面向全体到场者致意。然后将剪刀、手套放于托盘之内，举手鼓掌。接下来，可依次与主人握手道喜，并列队在引导者的引导下退场。退场时，一般宜从右侧下台。

待剪彩者退场后，其他礼仪小姐方可列队由右侧退场。

不管是剪彩者还是助剪者在上下场时，都要注意井然有序、步履稳健、神态自然。在剪彩过程中，更是要表现得不卑不亢、落落大方。

■ 知识链接

剪彩的起源

20世纪初叶，在美国的一个乡间小镇上，有家商店即将开业。店主为了阻止蜂拥而至的顾客在正式营业前闯入店内，将用以优惠顾客的便宜货争购一空，便随便找来一条布带子拴在门框上。谁曾料到这项临时性的措施竟然更加激发了挤在店门之外的人们的好奇心，他们更想早一点进入店内，对即将出售的商店先睹为快。正当店门之外的人们有些迫不及待的时候，店主的小女儿牵着一条小狗突然从店里跑出来，将拴在店门上的布带子碰落在地。人们误以为这是该店为了开张所搞的"新把戏"，于是立即一拥而入，大肆抢购。让店主转怒为喜的是，他的这家小店在开业之日的生意居然红火得令人难以置信。后来，人们用彩带取代了颜色单一的布带，并用剪刀剪断，执行人由当地官员或社会名流所代替，人们还给这种做法正式取名为"剪彩"。时至今日，剪彩已风靡全球，成为商务公关、开业庆祝的一种重要仪式，并约定俗成地形成了一整套礼仪规范和要求。

【实训练习与指导】

训练项目	训练目的	训练内容	训练形式	评价方式
剪彩仪式策划	通过训练让学生完成剪彩仪式的组织安排工作	某商场剪彩仪式策划案	小组讨论	小组互评；教师评价
剪彩仪式流程	通过训练让学生胜任剪彩中礼仪人员和迎宾人员的工作	学生自己设定场景	情景模拟	组内评价；小组互评；教师评价

思考与练习

1. 剪彩仪式的定义是什么？
2. 剪彩仪式的流程有哪些？
3. 参加剪彩仪式的主要人员有哪些？

第四节　庆典礼仪

【学习目标】

1. 了解庆典礼仪的含义及庆典的分类。
2. 掌握庆典礼仪的准备工作。
3. 熟悉庆典礼仪的完整程序并在实际工作中灵活运用。

【名人名言】

礼貌使有礼貌的人喜悦，也使那些受人以礼貌相待的人们喜悦。

——法·孟德斯鸠

【案例导入】

新产品独特的出厂方式

某国际著名电器公司认为，当某个集团完成一项重大任务的时候，每个集团成员都会感到兴奋不已，因为从中他们可以看到自身存在的价值，而这时便是对他们进行团结一致教育的良好时机。所以每年正月，该公司都要隆重举行新产品的出厂庆祝仪式。这一天，职工身着印有公司名称字样的衣服，大清早来到集合地点，公司董事长常常即兴挥毫书写清晰而明快的文告，如，"新年伊始举行隆重而意义深远的庆祝活动，是本年度我们事业蒸蒸日上兴旺发达的象征"。向全体职工发表热情的演讲后，职工分乘各自分派的卡车，满载着新出厂的产品，分赴各地有交易关系的商店。商店热情地欢迎和接收公司新产品，公司职工拱手祝愿该店繁荣。最后，职工返回公司，举杯庆祝新产品出厂活动的结束。

【想一想】

1. 本案例中新产品出厂方式的特别之处在哪里？
2. 通过本案例，可以看出该公司开展的庆祝活动能给员工及公司发展带来什么？

【绅士淑女有约】

新产品的研发与出厂，凝聚了无数工作人员辛勤工作的成果，这些产品能够大大提高员工的个人价值感，而案例中的公司采用这样的庆祝活动的高明之处就在于懂得用这种仪式感很强的活动把理性的东西感性化，有利于发扬公司精神，统一职工的意志和步伐。最终受益的还是员工以及公司的良好发展，真是一举多得。而在日常生活及许多商务场合中举办的各种类型的礼仪活动，如结婚仪式、奠基仪式、剪彩仪式、开幕仪式……因此需要我们正确认识仪式，并在实际工作和生活中正确灵活地运用这些仪式礼仪。

▶ 一、仪式的含义

仪式是在人际交往中，尤其是在一些比较正式、庄重、隆重、盛大的正式场合里，为了激发出席者的某种情感，或者是为了引起出席者的重视，按照一定约定俗成的顺序与规范举行的某种活动。简言之，仪式就是人们为了表示对某事某物的尊重与敬意在一定场合按照某种规范化程序举行的活动。规范的仪式也是随着社会发展，在相当长的时间内逐渐形成并完善的礼仪形式，这中间承载了不同时代人们的精神与传统。而仪式礼仪是仪式活动能够取得成功的重要保障，主要包括婚礼仪式、宗教仪式、签字仪式、交接仪式、庆典仪式、剪彩仪式等，但无论哪种仪式，都是营造和谐氛围、增强内部凝聚力以及协调关系、扩大宣传效果、塑造形象的有效手段。

▶ 二、庆典仪式的定义与作用

庆典，是各种庆祝活动仪式的统称，具体是指为纪念重要节日或围绕各类重大事件而举行的庆祝活动仪式的统称。常见的庆典分为节日庆典、商务庆典两大类，这也是和人们的生活与工作密不可分的。而举行这些庆典活动的目的就是聚拢人心，因此庆典在人际交往中有着不可替代的作用。

（一）有利于弘扬民族文化精神

承载着中国文化的诸多传统节日，如元旦、春节、清明节、端午节、中秋节、国庆节等，当然还包括许多现代国际性的节日，如劳动节、教师节、圣诞节、情人节、植树节等都是各类庆典仪式的主要纪念对象，由此可以引起全社会的关注。宣传这些节日的文化内涵，有利于弘扬民族文化精神，尤其是为青少年爱国主义教育奠定坚实的基础。

（二）有利于团结员工，激发员工对集团的热爱之情，增强集团凝聚力

在平常的工作中，各类庆典活动一般都是在集团取得较大成就或者获得较大荣誉时举行。以举办各类庆典活动的形式，将员工组织聚拢，有利于团结各部门员工，增强集团员工的自信心、自豪感、归属感与凝聚力。员工有了这些主体意识，在日常工作中主人翁意识能够引导他们积极工作，从而提升集团的向心力与发展水平。

（三）有利于提升集团的知名度，树立良好的企业形象

各类庆典仪式都是在公开隆重的场合举行，也是一种树立良好形象的公关活动。在公关界有这样一种说法："没有哪一天、一周、一月、一年是没有特殊时间可供纪念的，而历史上任何时间都有它的一周年、十周年、一百周年……这都是值得纪念的。"也就意味着任何集团都可以利用此类庆典活动的举行聚拢人心，提升集团知名度，树立良好形象。

（四）有利于向社会大众传递信息，增进情感交流，使集团赢得更多合作伙伴和商业机会

在庆典活动举办的过程中，主办方往往会邀请社会各界人士，如政府机关负责人、相关行业人员、合作单位代表、客户代表以及各种社会媒介人士，同时也通过各类媒介传播庆典

进程，如广播、电视、新媒体，这些方式都有助于向社会大众传递信息，传播本集团的合作理念。与会人员也会受到主办方的真诚接待与礼遇，在欢快的活动氛围中，拉近彼此距离，增进感情交流，也可以为集团企业带来更多的合作伙伴和商业合作的机会。

庆典仪式类型丰富，作用深远巨大，同时庆典仪式也有自己独有的举办原则，主要表现为隆重、适度和节省。做到以上三点，庆典仪式便会收到事半功倍的效果。

■ 知识链接

节日庆典

节日庆典，是指为纪念重要节日而举行的庆祝活动仪式的统称。根据节日类别不同，主要分为传统节日庆典和现代节日庆典。不同的节日庆典都伴随着它独有的习俗与文化，也就形成了独特的节日庆典礼仪。接下来我们就来一起了解一下中国的传统节日。中华文化上下五千年，随着社会朝代的更替，人们生活的丰富完善，在发展过程中文化的慢慢积淀形成了诸多形式多样、内容丰富的传统节日，成为我们中华民族悠久的历史文化的一个组成部分。通过这些传统节日，我们还可以清晰地看到古代人们社会生活的画面以及古人的思想，并且在这些思想中受到启迪，激发爱国主义情怀。下面就介绍几个在我国人心目中具有特殊意义的节日。

1. 春节

春节对中国人而言就意味着平安、团圆，新的开始。春节，是指农历正月初一，农历新年的第一天，俗称"过年、大年、过大年"。春节时间延续长、地域跨度广，节日活动丰富，是中国最重要、最隆重，也是历史最悠久、最热闹、最富有特色的传统节日。融合了不同朝代以及不同的地域文化，春节有着丰富的习俗活动，大多数的习俗都和神话传说有关，比如"守岁"，就是在旧年的最后一天夜里不睡觉，熬夜迎接新一年到来的习俗，也叫除夕守岁，俗名"熬年"。探究这个习俗的来历，在民间流传着一个有趣的故事：太古时期，有一种凶猛的怪兽，散居在深山密林中，人们管它们叫"年"。它的样貌狰狞，生性凶残，专食飞禽走兽、鳞介虫豸，一天换一种口味，从磕头虫一直吃到大活人，让人谈"年"色变。后来，人们慢慢掌握了"年"的活动规律，它是每隔三百六十五天窜到人群聚居的地方尝一次口鲜，而且出没的时间都是在天黑以后，等到鸡鸣破晓，它们便返回到山林中去了。见图5.4.1。

算准了"年"肆虐的日期，百姓们便把这可怕的一夜视为关口，称作"年关"，并且想出了一整套过年关的办法：每到这一天晚上，每家每户都提前做好晚饭，熄火净灶，再把鸡圈牛栏全部拴牢，把宅院的前后门都封住，躲在屋里吃"年夜饭"。由于这顿晚餐具有凶吉未卜的意味，所以置办得很丰盛，除了要全家老小围在一起用餐表示和睦团圆外，还须在吃饭前先供祭祖先，祈求祖先的神灵保佑，平安地度过这一夜，吃过晚饭后，谁都不敢睡觉，挤坐在一起闲聊壮胆。人

图 5.4.1　春节

们就逐渐形成了除夕熬年守岁的习惯。

当然，"守岁"与"年夜饭"也有着密不可分的联系。一家人在除夕当晚坐在一起，共同辞旧迎新，共进晚餐，尤其是现代社会，许多家庭成员都外出工作，在新年除夕夜这一天，大家从各地回到心中共同的精神寄托之地——"家"，这也体现了中国人心念团圆、共叙天伦的美好传统。当然饭桌上出现的也都是有着吉祥寓意的菜肴，如饺子、馄饨、长面与象征着"年年有余"的鱼类以及其他美味菜肴。

同样，在与怪兽"年"相关的传说中，还形成了"放鞭炮"、"贴对联"的习俗。相传某年除夕，人们忘了杀猪宰羊来敬"年"，"年"一来就大吼大叫，要想吃人。这时，邻近一家的竹楼失火了，火势很大，烧得竹子"噼噼啪啪"地乱响。"年"听到这突如其来的响声，吓得逃回森林去了

到除夕这一天，便去砍许多竹子来烧，竹子"噼噼啪啪"一爆响，"年"就被吓跑了。同时，人们还发现"年"怕鲜红的颜色。后来发明了鞭炮和对联。

过年时，每逢春节家家户户都要选一副大红春联贴于门上为节日增加喜庆气氛，寄予新一年美好的期盼。春联也叫门对、春贴、对联、对子、桃符等。春节贴"福"字也是一风俗，尤其是将"福"字倒贴在门上，寓意福气、福运到家，寄托了人们美好的愿望。

关于"福"字倒贴主要有两个有趣的民间传说，一个是纪念马皇后之说。话说明太祖朱元璋当年用"福"字作暗记准备杀人。好心的马皇后为消除这场灾祸，令全城大小人家必须在天明之前在自家门上贴上一个"福"字，马皇后的旨意自然没人敢违抗，于是全城百姓家家门上都贴了"福"字，其中有户人家不识字，竟把"福"字贴倒了。第二天，皇帝派人上街查看，发现家家都贴了"福"字，还有一家把"福"字贴倒了。皇帝听了禀报大怒，立即命令御林军把那家满门抄斩。马皇后一看事情不好，忙对朱元璋说："那家人知道您今日来访，故意把福字贴倒了，这不是'福到'的意思吗？"皇帝一听有道理，便下令放人，一场大祸就这样避除了。从此人们便将福字倒贴起来，不仅是求吉利，还为了纪念心地善良的马皇后。

二是清朝恭亲王福晋之说。话说有一年的春节前夕，恭亲王府的大管家为讨主人欢心，写了几个斗大的"福"字，叫一个下人贴于库房和王府大门上。没想到的是，这个下人目不识丁，他把所有的福字全给贴倒了！为此，恭亲王福晋知道后十分气恼，欲鞭罚惩戒。幸好大管家是个能说善变之辈，他怕福晋怪罪下来殃及自己，慌忙下跪称述道："奴才常听人说，恭亲王寿高福大造化大，如今大福真的到（倒）了，乃吉庆之兆。"恭亲王福晋一听，倒也合乎情理，心想："怪不得过往行人都说恭亲王福到（倒）了，吉语说千遍，金银增万贯。没学问的奴才，还真想不出这种招式呢！"于是对大管家和下人家丁各赏银子50两。从此，倒贴福字的习俗就传入了民间，人们都理解为"福到了"的意思。

当然无论传说真假与否，都是人们的美好心愿。"福"字以前多为手写，后来，民间艺人将"福"字的红底融入剪纸的内容，做成各种图案，有寿星、寿桃、鲤鱼跳龙门、五谷丰登、龙凤呈祥等，呈镂空状，做工精细，非常漂亮。

2. 中秋节

（1）中秋节的名称

"举杯邀明月，对影成三人"，自古与月亮相关的诗句都传递着思念与团圆的情感。中秋佳节是中华民族传统中仅次于春节的第二大节日，同时也是最浪漫、最温馨的节日，人们以月亮阴晴圆缺的自然变化，来寓意人的团圆与否——天上月圆，地上人圆，因此中秋节也叫"团圆节"。中秋一词，最早见于《周礼》。古代帝王祭拜月亮的时期为每年农历八月十五，此日恰逢三秋之中，故名"中秋节"。根据我国古代历法，一年有四季，每季三个月，分别被称为孟月、仲月、季月，因此秋季的第二个月叫仲秋，农历八月十五也叫"仲秋节"、"八月节"、"八月会"、"追月节"、"拜月节"。

（2）中秋节的起源与传说

中秋节有着悠久的历史，它和其他传统节日一样，也是逐渐发展演变而成。它是从古人的祭月、迎寒发展而来，《周礼》中就有"中秋夜迎寒"的记载。作为一个节日，在西汉时已初具雏形，当时节气是在立秋的当天。慢慢地在晋代已经有了立秋时节赏月的活动，但还没有形成习俗。到了唐代，民风开放，人们爱好娱乐，在中秋时节赏月活动开始盛行。正式定名是在北宋太宗年间，定每年八月十五为中秋节，南宋时节日活动更为普遍。明清以来赏月活动盛行不衰，成为我国的主要传统节日之一。中秋节也有许多美丽的神话传说和民间故事，其中嫦娥奔月、吴刚折桂、玉兔捣药、月饼来历、天狗吃月亮等流传甚广。

传说在后羿射下天上的九个太阳，解救苍生后成为英雄，王母娘娘赐予了一包不死药。据说，服下此药，能即刻升天成仙。然而，后羿舍不得撇下妻子，暂时把不死药交给嫦娥珍藏。当时的不少志士慕名前来投师学艺，心术不正的蓬蒙也混了进来。

一天，后羿率众徒外出狩猎，蓬蒙假装生病，没有外出。待众人走后不久，持剑威逼嫦娥交出不死药。嫦娥拿出不死药一口吞了下去。嫦娥吞下药，身子立时飘离地面、冲出窗口，向天上飞去。由于嫦娥牵挂着丈夫，便飞落到离人间最近的月亮上成了仙。傍晚，后羿回到家，侍女们哭诉了白天发生的事。后羿悲痛欲绝，仰望着夜空呼唤嫦娥，这时他发现，今天的月亮格外皎洁明亮，而且有个晃动的身影酷似嫦娥。后羿思念妻子，便派人到嫦娥喜爱的后花园里，摆上香案，放上嫦娥平时爱吃的蜜食鲜果，遥祭在月宫里的嫦娥。百姓们闻知嫦娥奔月成仙的消息后，纷纷在月下摆设香案，向善良的嫦娥祈求吉祥平安。从此，中秋节拜月的风俗在民间传开了。在人们的传说故事中，月宫中便多了一位仙子，为了排遣嫦娥的寂寞之感，又多了一只玉兔，便有了"玉兔捣药"的神话故事。这只白兔拿着玉杵，跪地捣药，做成蛤蟆丸，服用此等药丸可以长生成仙。久而久之，玉兔也成为月亮的代名词。古时候，文人写诗作词，常常以玉兔象征月亮，像辛弃疾的《满江红·中秋》就以玉兔表示月亮。在道教中，玉兔常常与金乌相对，表示金丹修炼的阴阳协调。

（3）中秋习俗

中秋节吃月饼，和端午节吃粽子、元宵节吃汤圆一样，是我国民间的传统习俗。古往今来，人们把月饼当作吉祥、团圆的象征。中秋节吃月饼，用圆圆的月饼来象征团圆之意，因此月饼也被称为"团圆饼"。月饼最初是用来祭奉月神的祭品，慢慢地月饼就成了节日的礼品。

我国地大物博，不同地区饮食风俗习惯不同，也就出现了不同样式和口味的月饼，如京式月饼、广式月饼、苏式月饼、台式月饼、滇式月饼、港式月饼、潮式月饼、徽式月饼，口味也有着甜、咸、麻辣等分别。月饼是中秋佳节必食之品。在节日之夜，人们还爱吃些西瓜、水果等团圆的果品，共同期盼家人生活的美满、甜蜜、平安。

放天灯、舞火龙也是中秋佳节人们祈求平安、团圆的传统习俗。将自己祈福的内容写在天灯上，随着天灯缓缓升空，祈愿自己的美好愿望能够成真。舞火龙是中秋节汉族传统民俗文化活动的代表。据说在舞了火龙后可以趋吉避凶，风调雨顺。在很早以前，用稻秆扎成龙头、龙身的形状，插上燃着的香，由青壮小伙子赤膊上阵，挥舞舞动。在我国传统文化的传说中，龙王能行云布雨、消灾降福，象征祥瑞，所以以舞龙的方式来祈求平安和丰收就成为全国各地汉族的一种习俗。关于舞火龙的起源还有一段民间传说，很早以前，大坑区在一次风灾袭击后，出现了一条蟒蛇，四处作恶，村民们四出搜捕，终于把它击毙。不料次日蟒蛇不翼而飞。数天后，大坑便发生瘟疫。这时，村中父老忽获菩萨托梦，说是只要在中秋佳节舞动火龙，便可将瘟疫驱除。事有巧合，此举竟然奏效。从此，舞火龙就流传至今。

▶ 三、商务庆典

【案例分析】

别开生面的开业典礼

2008 年 8 月 8 日，是北方某市新建 ×× 大酒店隆重开业的日子。

这一天，酒店上空彩球高悬，四周彩旗飘扬，身着鲜艳旗袍的礼仪小姐站立在店门两侧，她们的身后是摆放整齐的鲜花、花篮，所有员工服饰一新，面目清洁，精神焕发，整个酒店沉浸在喜庆的气氛中。

开业典礼在店前广场举行。上午 11 时许，应邀前来参加庆典的有关领导、各界友人、新闻记者陆续到齐。正在举行剪彩之际，天空突然下起了倾盆大雨，典礼只好移至厅内，一时间，大厅内聚满了参加庆典人员和避雨的行人。典礼仪式在音乐和雨声中隆重举行，整个厅内灯光齐亮，使得庆典别具一番特色。典礼完毕，雨仍在下着，厅内避雨的行人，短时间内根本无法离去，许多人焦急地盯着厅外。于是，酒店经理当众宣布："今天能聚集到我们酒店的都是我们的嘉宾，这是天意，希望大家能同敝店共享今天的喜庆，我代表酒店真诚邀请诸位到餐厅共进午餐，当然一切全部免费。"霎时间，大厅内响起雷鸣般的掌声。虽然酒店开业额外多花了一笔午餐费，但酒店的名字在新闻媒体及众多顾客的渲染下却迅速传播开来，酒店的生意格外红火。

【想一想】

1. 通过此次庆典仪式的顺利举行，可以看出该酒店提前做了哪些准备工作？
2. 该酒店生意格外红火与本次开业庆典有无关联？具体是什么？

开业庆典是企业的大喜日子，是气氛热烈而又隆重的庆祝仪式，既表明企业对此项活动庄重的态度，又可借此扩大企业的社会影响，提高企业的知名度和美誉度。该酒店的经理借开业典礼之机请进避雨的行人，共享开业的喜庆，借此树立企业形象，收到了意想不到的效果。

商务庆典是组织围绕自身重大事件、活动所举行的典礼、仪式等的总称，也是庆典活动中的主要形式。商务庆典不是一般的庆祝，它是每个组织总结重大成果、展现组织美好发展历程的隆重而热烈的活动。这个过程中不仅是组织内部的重要活动，更是组织对外重要的形象展示机会，它凝聚着对组织重大事件、活动的重视，所以商务庆典是社会组织公共关系最为重要的一类活动。商务庆

图 5.4.2　开工典礼

典的类别很多，常见的有：开业（工）庆典（见图 5.4.2）、落成庆典、剪彩仪式、交接仪式、签字仪式、发奖仪式、周年纪念会、重大活动的开幕式和闭幕式等。

就内容而论，商务庆典大致可以分为以下四大类：

第一类，本组织成立周年庆典。通常各组织的周年庆典都是采取逢五、逢十或者它们的倍数举行的原则，比如，某集团成立二十周年庆典仪式及各类活动的举行。

第二类，本组织荣获某项荣誉时候举行的庆典仪式。当组织荣获了某项荣誉称号或者组织的某类产品在国内外重大展评中获奖之后，都会举行庆典以示祝贺。比如，××食用油企业因获得"中国百家粮油企业"的荣誉称号而举行的庆典仪式。

第三类，本组织取得重大成就的庆典。比如，某组织生产的产品取得销量突破 100 万这样来之不易的销量时举行的庆典仪式。

第四类，本组织取得显著发展的庆典。当本单位建立集团、确定新的合作伙伴、兼并其他单位和分公司或连锁店不断发展时，都值得庆祝一番。

但不论是哪种类型的商务庆典，各社会组织的庆典活动都要符合盛大、隆重、热烈的基本原则。因此，应精心策划庆典活动，力争在社会上造成广泛深刻的影响，为建立良好的公共关系营造环境。

商务庆典的礼仪，即有关商务庆典的礼仪规范。庆典活动涉及的人员、部门繁多而且一般庆典仪式时间都较短，所以需要我们细心注意其中的礼仪规范。从操作的角度来进行探讨，庆典仪式的礼仪主要包括庆典的筹备、来宾接待、庆典的程序、参加庆典的礼仪规范四个方面的内容。

1. 庆典仪式的筹备

在组织庆典仪式的工作时，要使庆典活动取得成功并收到预期的良好效果，必须对庆典活动进行认真的策划和严密的组织，同时需要要体现出庆典仪式应该具有的热烈、欢快、隆重的特色，并且表现出组织单位的实力及影响力。主要包括：提前制订庆典活动预案；提前做好舆论宣传工作；确定好庆典的出席人员名单；精心布置举行庆典仪式的现场。

（1）制订庆典仪式预案。每一个庆典活动开始之前很长一段时间，为了确保之后的活

动能够顺利有序地举行，必须制订一个详细的仪式方案，做好整体的筹划与设计，包括庆典的名称、规格与规模、邀请的人物、典礼形式、基本程序、主持人、经费安排、所需物品准备（资料与来宾礼品）等，这些都是需要考虑的范畴。做好这些预先的方案，可以让实施阶段的工作人员有一个大的概念，明确工作走向，方便后续工作的顺利开展。同时主要注意的是安全问题，一般庆典仪式参与的人数较多，应将安全放在首位，在庆典仪式前与进行中注意防火、防爆、防踩踏，尤其注意在庆典现场明确标注安全出口（见图5.4.3），提前做好安全撤离的预案，做到活动圆满、人员安全。

图 5.4.3　安全出口

（2）提前做好舆论宣传工作。舆论与宣传本是新闻学中的概念，舆论是指在特定的时间、空间里，公众对于特定的社会公共事务公开表达的基本一致的意见或态度。英语中，舆论为public opinion，即"公共意见"。而舆论的载体往往来自于宣传，良好有效的宣传有利于引导公众形成良好的舆论导向（见图5.4.4）。最好选择主流媒体，就是在人民群众中、社会上影响较大的媒体，比如在电视圈内，中央电视台的权威性就是无可替代的。邀请的媒体可以包括活动举办地的媒体、行业媒体及与本单位影响范围相匹配

图 5.4.4　舆论宣传

的地域级媒体。媒体的类型应尽量多元化、立体化，各组织在进行庆典仪式之前，可事前利用广播、报纸、电视、微信等公众途径的传媒发布广告、提前报道，也可派人在公众场合散发宣传单、宣传品，提前形成一定的舆论声势，引起公众的广泛关注。公关活动及宣传广告等活动最好安排在开业仪式前三至五天进行，最多不超过一周时间。同时还应提前向相关媒体发出邀请，以便活动当天这些媒体能够及时参加并且通过他们的报道与宣传扩大影响力，为组织树立良好的公众形象。

（3）确定好庆典的出席人员名单。一般庆典仪式上除了相关的媒体人员以外，还会涉及各类出席的人员，主要包括以下几类：

① 政府相关部门领导。主要涉及组织所在地方的政府相关主管领导，这些领导在自己所管辖的范围内曾给予该组织关心、帮助，可借此表达对上级相关政府领导的感谢之情并希望能继续得到他们的支持。

② 社会名流。在庆典仪式上往往希望以此类活动打造品牌，引发社会效应，如果在仪式现场能够邀请到影视娱乐明星、知名专家学者，可通过他们的名人效应，更好地提升自身的形象，提高本组织的知名度。

③ 合作伙伴。在商务活动中，彼此间互为合作伙伴，以增进友谊、共谋发展的目的相邀，可以共同分享喜悦之情，更为继续合作奠定坚实的感情基础。

④ 本组织领导、员工。每个组织的良性发展离不开本组织全体员工的共同努力，大家一起兢兢业业，攻坚克难，任何成功的取得都是集体智慧的结晶。通过这样的庆典仪式，更

能提高员工的凝聚力、自信心、自豪感，所以更应列出参加庆典仪式的本组织领导、员工的名单。

尤其需要注意的是，庆典仪式的庄重性与隆重性决定了时间的不可更改，以上人员的具体名单一旦确定，组织就应尽快发出邀请或通知。凡外单位的领导、相关工作人员应当提前一周发出书面邀请，邀请函要做到精致美观。书面邀请发出后，还应当用电话跟踪落实。鉴于庆典的出席人员甚多，牵涉面极广，故不到万不得已，均不可随意将庆典取消、改期或延期。

（4）精心布置庆典仪式的现场。一项完美的庆典仪式的筹备工作，不仅在于之前讲到的细节，更在于仪式现场的完美呈现，这涉及对庆典仪式现场的精心布置。一般庆典仪式举办的现场都在大门外的广场或大厅内举行，当然还得要结合具体情况来选择。不可因为地点的选择不慎，影响了庆典的效果。在现场布置时候为了烘托庆典的气氛，要突出喜庆、隆重的氛围，可在现场摆放花篮、悬挂气球、彩灯、彩带、彩旗，张贴一些宣传标语及大型横幅等。还可以适当准备一些鼓乐、飞鸽等加以烘托渲染气氛。此外需要注意以下几点问题：

① 预留鲜花、贺匾的位置。为了显示对来宾贺礼的尊重，现场须专门划定一定的区域用来摆放来宾赠礼，如花篮、贺匾、纪念物，同时也可以营造庆典的人气旺以及热闹氛围。

② 来宾桌牌与红毯准备。现场布置时，主席台上和第一排的嘉宾席上都应提前放好打印无误的出席者的姓名桌牌。如果当天的庆典仪式是站立举行，类似于开幕式这些庆典时，则应在主宾站立的地方铺设红地毯，以显示尊敬和庄重。

③ 来宾的签到簿、签到用笔、本组织宣传资料、胸花、饮品等都需要提前精心准备好，确保无误。

④ 音响设备的准备。为体现隆重、热烈的气氛，音响是必不可少的。工作人员事先要检查并调试好设备（如音响、摄像机等），以免在关键时刻"卡壳"，出现尴尬场面。同时为了不影响周边居民或企业的正常生活与工作，应当适量控制音量。当然，如果是需要剪彩的庆典，还需要准备缎带、剪刀、手套、托盘等相关工具。

⑤ 庆典仪式（见图5.4.5）的场面规模较大，参与人员众多，可能会妨碍交通正常运转，需要主办方内部提前做好停车位的安排以及停车场入口出口的路线指引，并安排专门的保安人员现场指挥，也可提前请交通管理部门来人协调指挥。

图 5.4.5 庆典仪式

2. 来宾接待

与一般商务交往中来宾的接待相比，庆典仪式的接待，更应突出礼仪性的特点，则应该有专门的礼仪接待小组，安排专门的礼仪接待人员；重要来宾的接待，要由有关负责人亲自完成，做到有礼有节、有条不紊，并且需要安排专门的接待休息室，以便庆典仪式在正式开始前供来宾休息、交谈。但是由于庆典仪式的接待活动内容组成复杂，涉及的人员部门广泛，所以需要将具体的工作安排落实到具体的人头上，让礼仪接待人员各司其职，把整个活动的流程都熟记于心。更要对这些人员进行相关的礼仪知识培训，首先从礼仪接待人员的外形上来看，选择的礼仪接待人员既可从社会礼仪公司中聘请或向社会招募，也可以就在本组织范围内的女员工中进行挑选，条件一般是容貌姣好、仪态端庄大方。其次，考虑到礼仪人员的言行是主办方的形象代言，礼仪接待工作更是随机应变，情况变化万千，所以需要礼仪接待人员具有灵活机变的应变能力、较强的语言表达能力，还要有一定的文化素养和气质内涵。具体的接待工作的分工还需要注意以下几点问题。

（1）来宾的迎送。来宾的迎送（见图5.4.6）是礼仪接待工作重要的首尾，关系着能否给来宾留下良好的印象。在迎接与欢送来宾时，礼仪人员首先要注意自身的职业形象，一般的要求是穿着统一样式的制服或旗袍，佩戴色彩鲜艳并印有组织名称的绶带，化淡妆，将头发同一高度盘在脑后，穿着高度适中的高跟鞋，整体形象高雅自然。一般两两成对分别立于大门两侧，在整个迎送过程中保持前腹式站姿，身体舒展，做到头正、颈直、肩平、胸挺、腹收、腰立、腿夹紧的身体状态，同时面部呈现亲切自然的三度微笑。当有来宾并到来或离开时，主动调整身体状态为15°标准鞠躬礼，并且搭配亲切的语言问候："您好，欢迎光临！"或"您好，欢迎您的到来！"送别时搭配语言："感谢您的光临！""请慢走！"为了表示对来宾的重视与尊重，可在迎宾接待现场安排一位组织的相关领导或负责人亲自参与接待。

图 5.4.6　来宾迎送

（2）来宾的引导。因大部分来宾可能是第一次到达庆典仪式现场，所以对活动现场的布局构造可能不是特别熟悉，为了避免一些尴尬场面的出现，需要主办方做好来宾的引导工作。在会场各转角处或重要地点设置礼仪引导人员（见图5.4.7），在来宾到来的时候能够自然地以标准手势引导方位，根据情况不同，采用不同的引导手位，常用的有：中位手势引导来宾往里走"您好，请往里走！"；在台阶处采用低位手势提醒来宾"请小心台阶！"。在引导的同时，会涉及来宾的签到，在此之前，应该在签到台提前准备好相应的签字笔以及精美的签到册，以便来宾在此留下珍贵的签名。在礼仪人员将来宾引导到签到台后，拿好签字笔，主动递给来宾，并用低位手势引导来宾在相应的位置签名。随后将胸花别在来宾的西服胸袋或西服领上的插花眼内，也可根据实际情况将胸花递给来宾，由来宾自己戴好胸花，适当给予指引。

图 5.4.7　引导手势

（3）礼宾次序。在举行庆典仪式时，我们接待的来宾来自于四面八方，级别层次不一，怎样做到公平和尊重呢？这不得不提的就是礼宾次序的问题，礼宾次序就是指在接待来宾的时候，按照我们约定俗成的惯例，根据不同情况排列来宾的次序。在具体的商务礼仪中，常见的礼宾次序排列主要是根据来宾行政级别排序，包括来宾的地位以及所担任的行政级别高低，比如，常见的政府领导中，市委书记与区长共同参加此次庆典仪式，那我们就需要将行政级别较高的市委书记排在区长前面。一般的企业集团也存在这样的情况，比如，不同的企业集团的人员共同出席，分别是集团董事长与部门经理，显然根据两人的行政级别，我们应该将集团董事长排在前面。除此之外，需要考虑的礼宾次序还包括座次礼仪，庆典仪式现场的座位布置一般采取前排高于后排、中间高于两侧、以右为尊的国际惯例。但是无论采用何种次序，都应该提前告知相关负责人员，然后他们才有安排来宾的参照依据，避免现场出现慌乱尴尬的场面。

3. 庆典的程序

一场完整且收效良好的庆典仪式，与有序的具体程序密不可分，因此要求主办单位提前拟定好相关程序，并且遵循两条基本的原则：第一，时间长短适中，必要时候宜短不宜长。为了确保庆典仪式的效果以及照顾到场来宾的体力，庆典仪式的举行最好不超过一个小时。第二，程序内容适量，必要时宜少不宜多。主要是为了不分散仪式中心，突出庆典仪式的重点。

按照惯例，庆典仪式一般包括以下程序：

（1）邀请来宾就座，主持人介绍出席庆典仪式的领导和嘉宾。见图 5.4.8。

（2）宣布庆典仪式开幕，紧接着全体起立，保持肃穆，奏国歌、升国旗。

图 5.4.8　庆典仪式主持人

（3）主办方领导致辞。主要致辞内容为表达对与会来宾的欢迎与感激之情，并着重介绍本次庆典仪式的目的，突出仪式重点，共享喜悦之情。

（4）邀请嘉宾致辞。出席本次庆典仪式的来宾均可以作为致辞嘉宾，但是需要提前与致辞嘉宾做好沟通。

（5）鸣放礼炮及文艺汇演。为了烘托现场气氛，可适当鸣放礼炮。文艺汇演也可酌情删减，内容贴合庆典主题，时间长短合适。

（6）宣布庆典仪式闭幕。

（7）主持人提示会后安排。比如，领取纪念品、宴请、座谈或以留言的形式广泛征求意见。也可以邀请相关来宾参观本组织的相关展板或实地参观车间。

当然，根据不同类型的庆典仪式，具体的庆典仪式程序还可以适当增减，做到随机应变。

4. 参加庆典的礼仪规范

庆典仪式是一个公众场合，无论出席的是主办方人员还是来宾，一言一行都是各自组织的形象代表。因此在整个庆典仪式的全过程中，都应严格约束与规范自身的行为，注意礼仪规范。主要注意以下几个问题：

（1）注重时间观念。庆典仪式具有庄重性，对时间的要求极高，在庆典仪式中需要注意活动准时开始，准时结束。出席的人员更要有较强的时间观念，提前合理规划时间，切不可出现迟到的情况。

（2）表情庄重，全神贯注。如奏国歌、升国旗（见图 5.4.9）时，一定要行相应的礼节：起立、脱帽、立正，向国旗或主席台行注目礼。

（3）态度友好。作为主办方在来宾有疑问问询的时候应主动积极答复，详细解释。在主办方的领导、来宾发言的时候适时鼓掌等。

图 5.4.9　升国旗

（4）行为自律。出席人员无论级别高低，在庆典现场主动将手机调整为静音，避免在安静的仪式现场出现"抢风头"的局面。不在庆典举行期间四处走动，扰乱仪式秩序，更不可无故缺席或中途退场。不随意与周围人说笑打闹等。

（5）仪容整洁，服饰规范。出席庆典仪式应以职业性的正装为主，如本组织有自身特色的制服，可以统一穿着制服出席庆典仪式。如本组织没有制服，可穿着自身的正装或者符合礼仪性的服装。

【实训练习与指导】

训练项目	训练目的	训练方式	评价方式
周年庆典仪式策划	学生能够全面掌握庆典仪式的组织与安排	分小组形成完整的策划书，并提前分工安排好相关人员，准备好各类需要的道具	组内评价；小组互评；教师评价
周年庆典仪式的程序	学生能够掌握庆典仪式的规范流程，并能够灵活实训模拟	分小组模拟，并全面呈现周年庆典的完整程序	组内评价；小组评价；教师评价

思考与练习

1. 庆典仪式的作用有哪些？

2. 庆典仪式一般分为哪些类型？

3. 商务庆典仪式的礼仪主要包括哪几个方面的内容？

4. 商务庆典仪式出席的人员有哪些？

5. 商务庆典仪式中的来宾接待需要注意哪些问题？

6. 规范的商务庆典仪式主要包括哪些程序？

附　录

拓展模块　国际礼仪

【学习目标】

1. 了解国际礼仪的重要性。
2. 掌握国际礼仪的基本原则。
3. 了解常见的各国国际礼仪规范。

【名人名言】

人无礼则不生，事无礼则不成，国家无礼则不宁。

——荀子

【案例导入】

英国的温莎公爵曾经主持一个招待印度当地居民首领的宴会。在宴会结束的时候，侍者为每位客人端来了洗手盆。让人意想不到的是，当印度客人看到那精巧银质的器皿里盛着亮晶晶的水时，便以为是英皇室的待客之道，于是端起来一饮而尽。这一举动让英国贵族目瞪口呆，不知如何是好，只是愣愣地观察温莎公爵。

温莎公爵神色自如，不露声色，一边与客人继续谈笑风生，一边也端起自己前面的洗手水，自然地仰起头来一饮而尽。于是，大家也都纷纷地端起自己前面的洗手水，效仿温莎公爵。宴会在热烈而又祥和的气氛中取得了预期的成功。

在英国宫廷礼仪之中，自然是不能把洗手水喝掉的，而印度首领在不了解风俗的情况下，冒失地喝掉了洗手水。作为主人，温莎公爵并没有"聪明"地指出他们的做法不妥，而是装糊涂跟着将洗手水喝下，避免了印度首领的尴尬。

【想一想】

1. 温莎公爵喝下洗手水此举对这场宴会的影响是什么？
2. 你认为了解基本的国际礼仪的重要意义是什么？

【绅士淑女有约】

一、国际礼仪的重要性

国际礼仪是人们在国际交往中对外表示尊重和友好的惯用规则，也就是在国与国之间人们相互表示尊重的方式、意识和形式。在国际社会中，每个国家都有自己特有的民风民俗、礼仪规范和一些禁忌，因此在国际交往中我们要注意的礼仪更多，并且更为复杂。一次精心安排的礼仪接待，可以给来宾宾至如归的服务体验，也能给外宾留下良好的第一印象；反之，如果处理不好，在接待过程中触碰到来宾的一些禁忌而不自知，不仅会影响到东道主和来宾之间的关系，甚至有可能会直接影响到国家、民族之间的关系。因此掌握国际礼仪的规范是非常必要的。

二、国际礼仪的基本原则

（一）主权平等原则

主权平等原则是指国家不论大小，一律平等，这一条是国际法的基本原则之一，已经被写入联合国的宪章，也是联合国建立的一个基石。各国之间的交往，都必须遵循这一原则，同样作为国际礼仪也必须遵循这一原则，在国际礼仪里，表现为主权平等，这也是体现在各个方面的。

（二）对等原则

对等也称作互惠，就是指国家之间，相互给予相同的或者类似的待遇，表现为三点，规格对等、级别对等和礼遇对等。这一条实际上是主权平等原则在国际礼仪里的进一步体现。

（三）平衡原则

平衡原则也叫作无差别待遇原则、不歧视原则。在国际交往中当面对多个国家时，东道国作为主人这一方，不能够毫无理由地特别优遇某一国某一方，反过来，也不能冷落某一国某一方。

（四）人权原则

人权的含义是指作为一个人所应该享有的基本权利。到现在为止，这个人权原则已经成为世界各国宪法所遵循的重要原则之一，并于2004年已明确写入我国宪法。这个人权原则在国际礼仪上的体现是多方面的，比如，人不能因为性别、种族、信仰等被歧视。

（五）惯例原则

所谓惯例指的是能被大多数国家所接受的习惯性做法或先例，这个不是法律规定，只是一种习惯性做法。国际礼仪中的惯例很多，或者说，国际礼仪大部分做法现在还都是惯例，都是习惯性的，只有少部分已经成为国际法，写入国际公约。

三、常见的各国节日礼仪

（一）日本节日礼仪

日本的节日主要包含国家节日和民间传统节日。日本的法定节日一共包含15个，分别是元旦、成人节、建国纪念日、春分日、绍和纪念日、宪法纪念日、绿色节、儿童节、海之日、敬老日、秋分日、体育节、文化节、勤劳感谢日以及天皇诞生日。

■ 知识链接

日本节日的时间

元旦：每年 1 月 1 日，于 1948 年确定；

成人节：每年 1 月第 2 个星期一，源于古代成人礼，于 1948 年被定为国家节日；

建国纪念日：每年 2 月 11 日，因为神武天皇于公元前 660 年 2 月 11 日统一日本；

宪法纪念日：每年 5 月 3 日，因为 1947 年 5 月 3 日废除明治宪法，开始实行新宪法；

男孩节：每年 5 月 5 日，也是日本的儿童节，于 1948 年被定为国家节日；

海之日：每年 7 月 20 日，确定于 1941 年；

敬老日：每年 9 月 15 日；

体育节：10 月第 2 个星期一，为纪念 1964 年东京奥运会；

文化节：每年 11 月 3 日；

勤劳感谢日：每年 11 月 23 日；

天皇诞生日：12 月 23 日，因为明仁天皇于 1933 年 12 月 23 日出生。

（二）英国节日习俗

英国除了宗教节日外还有不少全国性和地方性的节日。

在全国性的节日中，国庆节和除夕之夜是最热闹的（见附图 1.1）。除夕之夜必须瓶中有酒，盘中有肉，象征来年富裕有余。丈夫在除夕还赠给妻子一笔钱，作为新的一年缝制衣物的针线钱，以表示在新的一年里能得到家庭温暖。

在苏格兰，人们提一块煤炭去拜年，把煤炭放在亲友家的炉子里，并说一些吉利话。

附图 1.1 英国庆祝节日的到来

（三）美国感恩节

美国是一个多民族的国家，很多移民将各自的传统节日带了过去。比如，中国人带去了春节，犹太人带去了哈努伽节日，圣诞节则是基督教徒的重大节日，如此等等，不可胜数。唯一属于美国民族自己独特的节日，只有每年 11 月第四个星期四的感恩节。

感恩节是美国家庭和亲友团聚的日子。特色食物是吃烤火鸡。感恩节过后就是冬季，所以这个节日有迎接冬季的意义。最早有文字记载的感恩宣言是在 1620 年，是由第一批乘"五月花"号船从英国来的清教徒向上帝做的祷文，原文仍在。他们早年在新根据地落户，经过了半数死亡的惨痛生活，后来在当地印第安人的帮助下，生活开始稳定，所以集体聚在一起向上帝祈祷和感恩。1676 年 6 月 20 日，麻省查理斯镇的政府官员，代表民众感谢上帝所赐予的经济繁荣和社会稳定，经过无记名投票，选出 6 月 29 日这一天作为感恩。美国国会于 1782 年正式宣告每年 11 月第四个星期四作为美国全国的感恩节。

美国人吃火鸡，其象征意义类似中国人喝腊八粥感觉开始过年一样，感恩节是美国过年气氛的开始，一直到圣诞。感恩节已成为美国亲友聚会的喜庆节日。节日期间，美国家庭都要举行丰盛的感恩宴。最常见的传统食品有火鸡、南瓜馅饼和玉米面做的印第安布丁。一些美国人在这一天或举家出游，或探亲访友，尽情享受天伦之乐。感恩节期间，美国城乡都要举行化装游行，戏剧表演和射击、打靶等体育比赛。一些美国家庭、宗教组织及慈善机构还为穷人、孤儿及流浪者们提供免费的火鸡宴，让那些不幸的人们在感恩节里也能得到人间的温暖（见附图1.2）。

附图1.2　火鸡

（四）情人节

"2月14日"这个西方情人节现在越来越被我们中国人所喜爱。在这个节日里，在各种街头或是餐厅你都能看到浪漫表白的场景，并随处可见卖玫瑰花的商贩。其实在美国，情人节不光是有情人对心上人表示爱意的日子，孩子们也可以制作卡片给父母兄弟，或是寄给老师以表达自己的感激之情。丈夫、妻子或情人除了送写满情意绵绵文字的卡片外，还互赠礼品，多数送红色的心形盒子装的巧克力以及红玫瑰，象征爱情的甜蜜（见附图1.3）。

附图1.3　情人节互赠礼物

（五）万圣节

10月31日是西方的万圣节，也称鬼节，是个晚上才开始的节日。庆祝活动以化装舞会为主，也有中小型游街活动，有兴趣参与的老老少少都画鬼脸，或戴面具、穿古怪的服装，以扮演巫婆、鬼怪、黑猫为主。小孩子最开心，沿街乞讨，不给糖果就搞恶作剧，一般家

附图1.4　万圣节

庭这天都备有糖果以接待"小鬼"。现在每年的万圣节也能看到很多街道或是商店都进行万圣节的装扮，很多年轻人也将自己打扮成各种吓人整蛊的造型以寻找刺激（见附图1.4）。

■ **知识链接**

盘点万圣节经典案例

1. 最恐怖——旅宿公司Airbnb：吸血鬼城堡一夜

Airbnb在万圣节前夕正式上线了德古拉城堡，并征集两位勇士挑战"奇屋一夜"。据悉，被选中的游客将会乘坐马车，在吸血鬼专家斯托克曾侄孙Dacre Stoker的陪伴下游览这座古堡，听Dacre Stoker讲述与这座城堡相关的历史与传说。而且他们还会独自在城堡中过夜，像小说中的德古拉伯爵一样，睡在由天鹅绒包裹的棺木之中。据说，从1948年起，这里从未有人过夜。

这样的旅馆你敢去尝试吗？

2. 最搞怪——肯德基：怪力血袋饮

肯德基和梦工厂的经典怪物形象史莱克联手，在万圣节前半个月推出了万圣节日

桶和怪力血袋饮（一款看起来像血的复合果蔬汁饮料），还设置万圣节体验区（供顾客现场做南瓜灯等）。武汉地区部分门店设置了万圣节体验区，在上海地区点餐有可能享受怪物史莱克亲自配送等。对于这款"怪力血袋饮"，网友们也是各执一词。很多人觉得这款饮料口味奇怪，但仍然有不少人想去尝尝，建议不晕血的你可以去试试。

3. 最公益——PPmoney：让所有的风险都见鬼去吧

大部分品牌在万圣节的营销都以搞怪、吓人的元素为主，而 PPmoney 理财则另辟蹊径，搞了一场让"女鬼"阻止路人闯红灯的公益活动。在繁华的红绿灯路口，有一群美女主播在做一些不可思议的"鬼"事，绿灯时，她们是身材高挑的性感美女；红灯时看到有人闯红灯，她们就立马"变脸"成女鬼，吓退闯红灯的行人。

试问，被这样的"女鬼"拦下，你还会闯红灯吗？

4. 最霸气——百威中国：血色百威沉浸夜

百威的万圣节营销也是下了血本，为庆祝万圣节专门推出的"血色百威"视觉效果非常震撼。上海、北京、长沙、深圳等城市都举办了专门的线下体验 party，赚足眼球，上海新天地的活动持续三天，还承包了太平洋百货大屏进行辅助，北京的办公室僵尸复活计划也是深得白领阶层喜爱，长沙地区活动请了明星助阵。总体来看，百威的营销很霸气，气势十足。

5. 最跨界——乐视：品牌联合，强强发声

乐视联合大众点评、墨迹天气、唱吧、一点资讯等品牌，借助万圣节鬼怪元素，将产品形象动画化，联合推出话题"戴上面具一起鬼混"。在文案有趣可爱的同时，不忘与粉丝互动的重要性，海报主题由品牌 logo 演变而成，既贴合万圣节元素，又生动有趣，创意十足。

6. 最幽灵——纽约汉堡王：COS 麦当劳

为了最大化地吸引眼球或者撩拨竞争对手跟自己一起营销，纽约一家汉堡王门店把自己改造成了"麦当劳"幽灵：一块白布，挖几个洞露出汉堡王 logo，手写的 McDonald's，自带恐怖效果的白色烟雾，并对汉堡盒等物料进行了伪装。这样混搭的布置，瞬间营造出了万圣节夜晚的氛围，就是不知道真有不知内情的顾客进去要个"巨无霸"会不会被轰出来？

（六）西班牙西红柿节

西班牙巴伦西亚市以北 40 公里的布尼奥尔是一个只有 9000 居民的小镇，但每年一度别具一格的西红柿节却使这个小镇闻名于世。每年 8 月的最后一个星期三，小镇的居民与来自西班牙及世界各地的游客，共约 3 万多人，早早就来到镇上的人民广场准备欢庆这一节日。他们还不断齐声呼喊：西红柿，西红柿，我们需要西红柿！中午时分，一枚爆竹腾空而起，本年度的西红柿节宣告开始。它是西班牙一年一度的民间传统节日，被喜欢它的人们形象地称之为"番茄大战"（见附图 1.5）。节日当天，成千上万的当地居民和外地游客脱掉上衣，奋力把透熟多汁的西红柿掷向其他人，游戏规则是西红柿必须捏烂后才能出手，以免打伤他人。当然，这样做也可以使西红柿更黏糊。很快，西红柿汁就在小镇的街道上形成了一条条没过膝盖的河流，而人们的身体和欢笑也都淹没在西红柿红色的海洋之中。地面上流的是西

红柿浆，人们身上也被染得鲜红。一个小时后，"西红柿战"结束。此时，外地的旅游者可以到镇政府临时设置的 300 个淋浴处或附近的河沟去洗刷身上的"西红柿汁"，而当地居民则一起动手，用水龙头将广场冲刷得一干二净。

附图 1.5　西红柿节现场

（七）德国慕尼黑啤酒节

德国是一个盛产啤酒的国家，其产量仅次于美国，居世界第二位。德国所产啤酒质优味醇、品种多样，享誉世界。而巴伐利亚的啤酒产销量又居德国第一，其首府慕尼黑的啤酒馆规模庞大，数量繁多，每年 9 月第三个星期六开始的啤酒节，更是载誉全球。慕尼黑以其优质的啤酒、欢乐的气氛、丰富多彩的节日内容为其每年的啤酒节引来 600 万游客。节日期间，人们像潮水般涌向慕尼黑的特蕾莎草地，热闹非凡。

啤酒节的第一天早上，身着传统服装的德国各州代表及其他国家的游行队伍汇聚一起，在慕尼黑市市长与酒厂老板的带领下，游行至活动重要的举办场地特蕾莎草地。那里已经架设起数座巨型啤酒帐篷，里面摆满了由慕尼黑 6 大酿酒厂特为节日酿造的"十月啤酒"。人们用装饰华丽的马车运送啤酒，在巨型帐篷里开怀畅饮的同时，欣赏铜管乐队演奏的悦耳的巴伐利亚民歌民调。见附图 1.6。

附图 1.6　啤酒节开幕式

在啤酒节现场，传统的巴伐利亚民族服装格外惹眼，有穿着艳丽的紧胸绣花衣裙的姑娘，也有一身传统背带短裤装束的男人。一个个身材矫健、热情奔放的巴伐利亚啤酒女郎穿梭在人群中，把一杯杯荡漾着白色泡沫的鲜啤酒端到人们面前。人们坐在传统的长板凳上及长木桌前，享受着德国啤酒、当地特色的烤猪腿和面包圈。巴伐利亚人的热情好客烘托出一个让人释放热情的磁场。除此之外，一系列丰富多彩的娱乐活动让人目不暇接，有赛马、射击、杂耍、各种游艺活动、戏剧演出、民族音乐会等。通过这些活动，慕尼黑人充分表现出了自己民族热情、豪放、活跃的性格。天快黑的时候，人们站在一排排长凳上，和着大厅中央乐队的演奏，载歌载舞，尽兴狂欢。碰上脍炙人口的歌曲，全场近千人手拉着手，一起随着音乐引吭高歌。啤酒一直供应到晚上 10 点半，这时乐队齐奏催促人们回家的曲子，泰瑞莎广场上的活动则在晚上 11 时结束，可是不少游客却还是意犹未尽，流连忘返，许多人仍会转战至通宵开放的酒馆续饮。欢乐的情绪、高昂的精神将伴随着醇醇的酒香弥漫于慕尼黑的整个空气中。

（八）巴西狂欢节

2 月的巴西狂欢节被称为世界上最大也是最奔放的狂欢节，狂热程度举世无双，每年吸引国内外游客数百万人。在巴西各地的狂欢节中，尤以里约热内卢狂欢节为世界上最著名、最令人神往。

狂欢节在复活节前47天（一定是星期二），而复活节是春分月圆后的第一个星期日，春分在阳历虽然大致固定，但是"月圆"相对阳历是不固定的，而"星期日"更是相对两者都不固定，所以就有了巴西狂欢节在每年日期的不确定性。巴西旧都里约热内卢的狂欢节规模最大，在节日的三天三夜里，全城上下倾巢而出，人们不分肤色种族、贫富贵贱，都潮水般涌上街头，男女老少个个浓妆艳抹，狂歌劲舞，尽情宣泄（见附图1.7）。盛大的桑巴游行是狂欢节的高潮，大型彩车簇拥着"国王"和"王后"领先开路，身材喷火的拉丁女郎身着比基尼或上身全裸，与男舞者大跳热情奔放的桑巴，把气氛带动到最高点，让游客也情不自禁地加入狂欢的人群当中。艳丽的服饰、强劲的音乐、火辣辣的桑巴舞和热情奔放的巴西美女让人流连忘返。

附图1.7　狂欢节表演

另外，巴伊亚州首府萨尔瓦多市的狂欢节独具特色。由于巴伊亚人不愿将它市场化，这里的狂欢节得以保持它的原汁原味，成为巴西传统和狂欢节精神最真实的体现。

思考与练习

1. 国际礼仪的原则有哪些？
2. 如果你要去法国旅游或是学习，你应该提前了解哪些法国文化？
3. 你最想去的美国城市是哪里？这座城市哪些地方最吸引你？
4. 你了解韩国的节日文化吗？
5. 你最喜欢哪个国家？在课后收集该国的特点以及交往的技巧跟同学分享。